DIVAGATIONS

DIVAGATIONS

AUTRES

POÉSIES, photogravées sur le manuscrit, avec ex-libris de Rops, 1er cahier, en 9 fascicules ; prix, 100 francs (épuisé).

LES MÊMES (à paraître, augmentées avant peu).

A part : *L'Après-Midi d'un Faune*, édition originale, avec illustrations de Manet ; prix, 25 francs (épuisé).

> *Hérodiade*, édition complète et de luxe (sous presse).

PAGES, avec frontispice de Renoir ; chez Deman, prix, 15 francs.

LES POÈMES DE POE, avec fleuron et portrait par Manet ; chez Deman, nouvelle édition, prix, 15 francs.

A part : *Le Corbeau*, avec illustrations de Manet ; prix, 25 francs (épuisé).

VILLIERS DE L'ISLE-ADAM, avec portrait gravé par Desboutin ; chez Lacomblez, Bruxelles ; prix, 3 francs.

LA MUSIQUE ET LES LETTRES ; chez Perrin, Paris, prix, 2 francs.

LE TEN O'CLOCK DE M. WHISTLER (Prochaine réimpression de la Traduction par Stéphane Mallarmé).

VATHEK, de BECKFORD, avec Avant-dire et Préface (réimpression du) ; chez Perrin, prix, 3 fr. 50.

VERS ET PROSE, *Morceaux choisis*, avec un portrait par James M. N. Whistler ; chez Perrin, prix, 3 fr. 50.

Les éditions ci-dessus désignées de ces œuvres sont seules conformes à la volonté de l'auteur et faites par ses soins.

Sceaux. — Imp. Charaire et Cie.

STÉPHANE MALLARMÉ

DIVAGATIONS

PARIS
BIBLIOTHÈQUE-CHARPENTIER
EUGÈNE FASQUELLE, ÉDITEUR
11, RUE DE GRENELLE, 11
1897.

Un livre comme je ne les aime pas, ceux épars et privés d'architecture. Nul n'échappe décidément, au journalisme ou voudrait-il, en produit pour soi et tel autre espérons, sans qu'on jette par-dessus les têtes, certaines vérités, vers le jour.

L'excuse, à travers tout ce hasard, que l'assemblage s'aida, seul, par une vertu commune.

A part des poèmes ou anecdotes, au début, que le sort, exagéré, fait à ces riens, m'obligeait (envers le public) de n'omettre, les Divagations apparentes traitent un sujet, de pensée, unique — si je les revois en étranger, comme un cloître quoique brisé, exhalerait au promeneur, sa doctrine.

1

ANECDOTES OU POÈMES

LE PHÉNOMÈNE FUTUR

Un ciel pâle, sur le monde qui finit de décrépitude. va peut-être partir avec les nuages : les lambeaux de la pourpre usée des couchants déteignent dans une rivière dormant à l'horizon submergé de rayons et d'eau. Les arbres s'ennuient et, sous leur feuillage blanchi (de la poussière du temps plutôt que celle des chemins), monte la maison en toile du Montreur de choses Passées : maint réverbère attend le crépuscule et ravive les visages d'une malheureuse foule, vaincue par la maladie immortelle et le péché des siècles, d'hommes près de leurs chétives complices enceintes des fruits misérables avec lesquels périra la terre. Dans le silence inquiet de tous les yeux suppliant là-bas le soleil qui, sous l'eau, s'enfonce avec le désespoir d'un cri, voici le simple boniment : « Nulle enseigne ne vous régale du spectacle intérieur, car il n'est pas

1.

maintenant un peintre capable d'en donner une ombre triste. J'apporte, vivante (et préservée à travers les ans par la science souveraine) une Femme d'autrefois. Quelque folie, originelle et naïve, une extase d'or, je ne sais quoi! par elle nommé sa chevelure, se ploie avec la grâce des étoffes autour d'un visage qu'éclaire la nudité sanglante de ses lèvres. A la place du vêtement vain, elle a un corps; et les yeux, semblables aux pierres rares! ne valent pas ce regard qui sort de sa chair heureuse : des seins levés comme s'ils étaient pleins d'un lait éternel, la pointe vers le ciel, aux jambes lisses qui gardent le sel de la mer première. » Se rappelant leurs pauvres épouses, chauves, morbides et pleines d'horreur, les maris se pressent : elles aussi par curiosité, mélancoliques, veulent voir.

Quand tous auront contemplé la noble créature, vestige de quelque époque déjà maudite, les uns indifférents, car ils n'auront pas en la force de comprendre, mais d'autres navrés et la paupière humide de larmes résignées se regarderont : tandis que les poëtes de ces temps, sentant se rallumer leurs yeux éteints, s'achemineront vers leur lampe, le cerveau ivre un instant d'une gloire confuse, hantés du Rythme et dans l'oubli d'exister à une époque qui survit à la beauté.

PLAINTE D'AUTOMNE

Depuis que Maria m'a quitté pour aller dans une autre étoile — laquelle, Orion, Altaïr, et toi, verte Vénus? — j'ai toujours chéri la solitude. Que de longues journées j'ai passées seul avec mon chat. Par *seul*, j'entends sans un être matériel et mon chat est un compagnon mystique, un esprit. Je puis donc dire que j'ai passé de longues journées seul avec mon chat et, seul, avec un des derniers auteurs de la décadence latine; car depuis que la blanche créature n'est plus, étrangement et singulièrement j'ai aimé tout ce qui se résumait en ce mot : chute. Ainsi, dans l'année, ma saison favorite, ce sont les derniers jours alanguis de l'été, qui précèdent immédiatement l'automne et, dans la journée, l'heure où je me promène est quand le soleil se repose avant de s'évanouir, avec des rayons de cuivre jaune sur les murs gris et de cuivre rouge

sur les carreaux. De même la littérature à laquelle
mon esprit demande une volupté sera la poésie
agonisante des derniers moments de Rome, tant,
cependant, qu'elle ne respire aucunement l'approche rajeunissante des Barbares et ne bégaie point
le latin enfantin des premières proses chrétiennes.

Je lisais donc un de ces chers poèmes (dont
les plaques de fard ont plus de charme sur moi
que l'incarnat de la jeunesse) et plongeais une
main dans la fourrure du pur animal, quand
un orgue de Barbarie chanta languissamment et
mélancoliquement sous ma fenêtre. Il jouait dans
la grande allée des peupliers dont les feuilles me
paraissent mornes même au printemps, depuis
que Maria a passé là avec des cierges, une dernière fois. L'instrument des tristes, oui, vraiment : le piano scintille, le violon donne aux
fibres déchirées la lumière, mais l'orgue de Barbarie, dans le crépuscule du souvenir, m'a fait
désespérément rêver. Maintenant qu'il murmurait
un air joyeusement vulgaire et qui mit la gaîté au
cœur des faubourgs, un air suranné, banal : d'où
vient que sa ritournelle m'allait à l'âme et me
faisait pleurer comme une ballade romantique ?
Je la savourai lentement et je ne lançai pas un sou
par la fenêtre de peur de me déranger et de m'a-
percevoir que l'instrument ne chantait pas seul.

FRISSON D'HIVER

Cette pendule de Saxe, qui retarde et sonne treize heures parmi ses fleurs et ses dieux, à qui a-t-elle été ? Pense qu'elle est venue de Saxe par les longues diligences autrefois.

(De singulières ombres pendent aux vitres usées.)

Et ta glace de Venise, profonde comme une froide fontaine, en un rivage de guivres dédorées, qui s'y est miré ? Ah ! je suis sûr que plus d'une femme a baigné dans cette eau le péché de sa beauté ; et peut-être verrais-je un fantôme nu si je regardais longtemps.

— Vilain, tu dis souvent de méchantes choses..

(Je vois des toiles d'araignées au haut des grandes croisées.)

Notre bahut encore est très vieux : contemple
comme ce feu rougit son triste bois; les rideaux
amortis ont son âge, et la tapisserie des fauteuils
dénués de fard, et les anciennes gravures des
murs, et toutes nos vieilleries ? Est-ce qu'il ne te
semble pas, même, que les bengalis et l'oiseau
bleu ont déteint avec le temps.

(Ne songe pas aux toiles d'araignées qui trem-
blent au haut des grandes croisées.)

Tu aimes tout cela et voilà pourquoi je puis
vivre auprès de toi. N'as-tu pas désiré, ma sœur
au regard de jadis, qu'en un de mes poèmes appa-
russent ces mots « la grâce des choses fanées » ?
Les objets neufs te déplaisent; à toi aussi, ils
font peur avec leur hardiesse criarde, et tu te
sentirais le besoin de les user, ce qui est bien
difficile à faire pour ceux qui ne goûtent pas
l'action.

Viens, ferme ton vieil almanach allemand, que
tu lis avec attention, bien qu'il ait paru il y a
plus de cent ans et que les rois qu'il annonce
soient tous morts, et, sur l'antique tapis couché,
la tête appuyée parmi tes genoux charitables dans
ta robe pâlie, ô calme enfant, je te parlerai pen-

dant des heures; il n'y a plus de champs et les
rues sont vides, je te parlerai de nos meubles...
Tu es distraite?

(Ces toiles d'araignées grelottent au haut des
grandes croisées.)

LE DÉMON DE L'ANALOGIE

Des paroles inconnues chantèrent-elles sur vos
lèvres, lambeaux maudits d'une phrase absurde?

Je sortis de mon appartement avec la sensation
propre d'une aile glissant sur les cordes d'un
instrument, traînante et légère, que remplaça une
voix prononçant les mots sur un ton descendant :
« La Pénultième est morte », de façon que

La Pénultième

finit le vers et

Est morte

se détacha
de la suspension fatidique plus inutilement en le
vide de signification. Je fis des pas dans la rue et

reconnus en le son *nul* la corde tendue de l'instrument de musique, qui était oublié et que le glorieux Souvenir certainement venait de visiter de son aile ou d'une palme et, le doigt sur l'artifice du mystère, je souris et implorai de vœux intellectuels une spéculation différente. La phrase revint, virtuelle, dégagée d'une chute antérieure de plume ou de rameau, dorénavant à travers la voix entendue, jusqu'à ce qu'enfin elle s'articula seule, vivant de sa personnalité. J'allais (ne me contentant plus d'une perception) la lisant en fin de vers, et, une fois, comme un essai, l'adaptant à mon parler ; bientôt la prononçant avec un silence après « Pénultième » dans lequel je trouvais une pénible jouissance : « La Pénultième » puis la corde de l'instrument, si tendue en l'oubli sur le son *nul*, cassait sans doute et j'ajoutais en matière d'oraison : « Est morte. » Je ne discontinuai pas de tenter un retour à des pensées de prédilection, alléguant, pour me calmer, que, certes, pénultième est le terme du lexique qui signifie l'avant-dernière syllabe des vocables, et son apparition, le reste mal abjuré d'un labeur de linguistique par lequel quotidiennement sanglote de s'interrompre ma noble faculté poétique : la sonorité même et l'air de mensonge assumé par la hâte de la facile affirmation étaient une cause de tourment. Harcelé, je résolus de laisser les mots de triste nature errer eux-mêmes sur ma bouche, et j'allai murmurant avec l'intonation

susceptible de condoléance : « La Pénultième est
morte, elle est morte, bien morte, la désespérée
Pénultième », croyant par là satisfaire l'inquiétude, et non sans le secret espoir de l'ensevelir
en l'amplification de la psalmodie quand, effroi !
— d'une magie aisément déductible et nerveuse
— je sentis que j'avais, ma main réfléchie par un
vitrage de boutique y faisant le geste d'une
caresse qui descend sur quelque chose, la voix
même (la première, qui indubitablement avait été
l'unique).

Mais où s'installe l'irrécusable intervention du
surnaturel, et le commencement de l'angoisse
sous laquelle agonise mon esprit naguère seigneur
c'est quand je vis, levant les yeux, dans la rue
des antiquaires instinctivement suivie, que j'étais
devant la boutique d'un luthier vendeur de vieux
instruments pendus au mur, et, à terre, des palmes
jaunes et les ailes enfouies en l'ombre, d'oiseaux
anciens. Je m'enfuis, bizarre, personne condamnée
à porter probablement le deuil de l'inexplicable
Pénultième.

PAUVRE ENFANT PALE

Pauvre enfant pâle, pourquoi crier à tue-tête
dans la rue ta chanson aiguë et insolente, qui se
perd parmi les chats, seigneurs des toits? car elle
ne traversera pas les volets des premiers étages,
derrière lesquels tu ignores de lourds rideaux de
soie incarnadine.

Cependant tu chantes fatalement, avec l'assurance tenace d'un petit homme qui s'en va seul
par la vie et, ne comptant sur personne, travaille
pour soi. As-tu jamais eu un père? Tu n'as pas
même une vieille qui te fasse oublier la faim en
te battant, quand tu rentres sans un sou.

Mais tu travailles pour toi : debout dans les
rues, couvert de vêtement déteints faits comme

ceux d'un homme. une maigreur prématurée et
trop grand à ton âge. tu chantes pour manger,
avec acharnement, sans abaisser tes yeux mé-
chants vers les autres enfants jouant sur le pavé.

Et ta complainte est si haute, si haute, que ta
tête nue qui se lève en l'air à mesure que ta voix
monte, semble vouloir partir de tes petites
épaules.

Petit homme. qui sait si elle ne s'en ira pas un
jour, quand, après avoir crié longtemps dans les
villes, tu auras fait un crime? un crime n'est
pas bien difficile à faire, va, il suffit d'avoir du
courage après le désir, et tels qui.. Ta petite
figure est énergique.

Pas un sou ne descend dans le panier d'osier
que tient ta longue main pendue sans espoir sur
ton pantalon : on te rendra mauvais et un jour
tu commettras un crime.

Ta tête se dresse toujours et veut te quitter,
comme si d'avance elle savait. pendant que tu
chantes d'un air qui devient menaçant.

Elle te dira adieu quand tu paieras pour moi, pour ceux qui valent moins que moi. Tu vins probablement au monde vers cela et tu jeûnes dès maintenant, nous te verrons dans les journaux.

Oh! pauvre petite tête!

LA PIPE

Hier, j'ai trouvé ma pipe en rêvant une longue soirée de travail, de beau travail d'hiver. Jetées les cigarettes avec toutes les joies enfantines de l'été dans le passé qu'illuminent les feuilles bleues de soleil, les mousselines et reprise ma grave pipe par un homme sérieux qui veut fumer longtemps sans se déranger, afin de mieux travailler : mais je ne m'attendais pas à la surprise que préparait cette délaissée, à peine eus-je tiré la première bouffée, j'oubliai mes grands livres à faire, émerveillé, attendri, je respirai l'hiver dernier qui revenait. Je n'avais pas touché à la fidèle amie depuis ma rentrée en France, et tout Londres, Londres tel que je le vécus en entier à moi seul, il y a un an, est apparu ; d'abord les chers brouillards qui emmitouflent nos cervelles et ont, là-bas, une odeur à eux, quand ils pénètrent sous la croisée. Mon

tabac sentait une chambre sombre aux meubles
de cuir saupoudrés par la poussière du charbon
sur lesquels se roulait le maigre chat noir; les
grands feux! et la bonne aux bras rouges
versant les charbons, et le bruit de ces charbons
tombant du seau de tôle dans la corbeille de
fer, le matin — alors que le facteur frappait le
double coup solennel, qui me faisait vivre! J'ai
revu par les fenêtres ces arbres malades du
square désert — j'ai vu le large, si souvent
traversé cet hiver-là, grelottant sur le pont du
steamer mouillé de bruine et noirci de fumée —
avec ma pauvre bien-aimée errante, en habits
de voyageuse, une longue robe terne couleur de
la poussière des routes, un manteau qui collait
humide à ses épaules froides, un de ces chapeaux
de paille sans plume et presque sans rubans,
que les riches dames jettent en arrivant, tant
ils sont déchiquetés par l'air de la mer et que
les pauvres bien-aimées regarnissent pour bien
des saisons encore. Autour de son cou s'enrou-
lait le terrible mouchoir qu'on agite en se disant
adieu pour toujours.

UN SPECTACLE INTERROMPU

Que la civilisation est loin de procurer les
jouissances attribuables à cet état! on doit par
exemple s'étonner qu'une association entre les
rêveurs, y séjournant, n'existe pas, dans toute
grande ville, pour subvenir à un journal qui
remarque les événements sous le jour propre au
rêve. Artifice que la *réalité*, bon à fixer l'intellect
moyen entre les mirages d'un fait; mais elle
repose par cela même sur quelque universelle
entente : voyons donc s'il n'est pas, dans l'idéal,
un aspect nécessaire, évident, simple, qui serve
de type. Je veux, en vue de moi seul, écrire
comme elle frappa mon regard de poëte, telle
Anecdote, avant que la divulguent des *reporters*
par la foule dressés à assigner à chaque chose
son caractère commun.

Le petit théâtre des PRODIGALITÉS adjoint
l'exhibition d'un vivant cousin d'Atta Troll ou

de Martin à sa féerie classique *la Bête et le Génie* :
j'avais, pour reconnaître l'invitation du billet
double hier égaré chez moi, posé mon chapeau
dans la stalle vacante à mes côtés, une absence
d'ami y témoignait du goût général à esquiver
ce naïf spectacle. Que se passait-il devant moi?
rien. sauf que: de pâleurs évasives de mous-
seline se réfugiant sur vingt piédestaux en
architecture de Bagdad, sortaient un sourire et
des bras ouverts à la lourdeur triste de l'ours :
tandis que le héros, de ces sylphides évocateur
et leur gardien, un clown, dans sa haute nudité
d'argent, raillait l'animal par notre supériorité.
Jouir comme la foule du mythe inclus dans
toute banalité. quel repos et. sans voisins où
verser des réflexions, voir l'ordinaire et splendide
veille trouvée à la rampe par ma recherche
assoupie d'imaginations ou de symboles. Etran-
ger à mainte réminiscence de pareilles soirées,
l'accident le plus neuf! suscita mon attention:
une des nombreuses salves d'applaudissements
décernés selon l'enthousiasme à l'illustration sur
la scène du privilège authentique de l'Homme,
venait, brisée par quoi? de cesser net, avec un
fixe fracas de gloire à l'apogée, inhabile à se
répandre. Tout oreilles, il fallut être tout yeux.
Au geste du pantin, une paume crispée dans
l'air ouvrant les cinq doigts, je compris, qu'il
avait, l'ingénieux! capté les sympathies par la
mine d'attraper au vol quelque chose, figure

(et c'est tout) de la facilité dont est par chacun
prise une idée : et qu'ému au léger vent, l'ours
rythmiquement et doucement levé interrogeait
cet exploit, une griffe posée sur les rubans de
l'épaule humaine. Personne qui ne haletât,
tant cette situation portait de conséquences
graves pour l'honneur de la race : qu'allait-il
arriver? L'autre patte s'abattit, souple, contre
un bras longeant le maillot; et l'on vit, couple
uni dans un secret rapprochement, comme un
homme inférieur, trapu, bon, debout sur l'écartement de deux jambes de poil, étreindre pour y
apprendre les pratiques du génie, et son crâne
au noir museau ne l'atteignant qu'à la moitié, le
buste de son frère brillant et surnaturel : mais
qui, lui! exhaussait, la bouche folle de vague,
un chef affreux remuant par un fil visible dans
l'horreur les dénégations véritables d'une
mouche de papier et d'or. Spectacle clair, plus
que les tréteaux vaste, avec ce don, propre à
l'art, de durer longtemps : pour le parfaire
je laissai, sans que m'offusquât l'attitude probablement fatale prise par le mime dépositaire de notre orgueil, jaillir tacitement le
discours interdit au rejeton des sites arctiques :
« Sois bon (c'était le sens), et plutôt que de
manquer à la charité, explique-moi la vertu de
cette amosphère de splendeur, de poussière et
de voix, où tu m'appris à me mouvoir. Ma
requête, pressante, est juste, que tu ne sembles

pas, en une angoisse qui n'est que feinte, répondre ne savoir, élancé aux régions de la sagesse, aîné subtil! à moi, pour te faire libre, vêtu encore du séjour informe des cavernes où je replongeai, dans la nuit d'époques humbles ma force latente. Authentiquons, par cette embrassade étroite, devant la multitude siégeant à cette fin, le pacte de notre réconciliation. » L'absence d'aucun souffle unie à l'espace, dans quel lieu absolu vivais-je, un des drames de l'histoire astrale élisant, pour s'y produire, ce modeste théâtre! La foule s'effaçait, toute, en l'emblème de sa situation spirituelle magnifiant la scène : dispensateur moderne de l'extase, seul, avec l'impartialité d'une chose élémentaire, le gaz, dans les hauteurs de la salle, continuait un bruit lumineux d'attente.

Le charme se rompit : c'est quand un morceau de chair, nu, brutal, traversa ma vision dirigé de l'intervalle des décors, en avance de quelques instants sur la récompense, mystérieuse d'ordinaire après ces représentations. Loque substituée saignant auprès de l'ours qui, ses instincts retrouvés antérieurement à une curiosité plus haute dont le dotait le rayonnement théâtral, retomba à quatre pattes et, comme emportant parmi soi le Silence, alla de la marche étouffée de l'espèce, flairer, pour y appliquer les dents,

cette proie. Un soupir, exempt presque de
déception, soulagea incompréhensiblement l'assemblée : dont les lorgnettes, par rangs,
cherchèrent, allumant la netteté de leurs verres,
le jeu du splendide imbécile évaporé dans sa
peur ; mais virent un repas abject préféré peut-
être par l'animal à la même chose qu'il lui eût
fallu d'abord faire de *notre image*, pour y goûter.
La toile, hésitant jusque-là à accroître le danger
ou l'émotion, abattit subitement son journal de
tarifs et de lieux communs. Je me levai comme
tout le monde, pour aller respirer au dehors,
étonné de n'avoir pas senti, cette fois encore, le
même genre d'impression que mes semblables,
mais serein : car ma façon de voir, après tout,
avait été supérieure, et même la vraie.

REMINISCENCE

Orphelin, j'errais en noir et l'œil vacant de famille : au quinconce se déplièrent des tentes de fête, éprouvai-je le futur et que je serais ainsi, j'aimais le parfum des vagabonds, vers eux à oublier mes camarades. Aucun cri de chœurs par la déchirure, ni tirade loin, le drame requérant l'heure sainte des quinquets, je souhaitais de parler avec un môme trop vacillant pour figurer parmi sa race, au bonnet de nuit taillé comme le chaperon de Dante ; qui rentrait en soi, sous l'aspect d'une tartine de fromage mou, déjà la neige des cimes, le lys ou autre blancheur constitutive d'ailes au dedans : je l'eusse prié de m'admettre à son repas supérieur, partagé vite avec quelque aîné fameux jailli contre une proche toile en train des tours de force et banalités alliables au jour. Nu, de pirouetter dans sa prestesse de maillot à mon

avis surprenante, lui, qui d'ailleurs commença :
« Tes parents ? — Je n'en ai pas. — Allons, si
tu savais comme c'est farce, un père… même
l'autre semaine que bouda la soupe, il faisait des
grimaces aussi belles, quand le maître lançait
les claques et les coups de pied. Mon cher ! » et
de triompher en élevant à moi la jambe avec
aisance glorieuse, « il nous épate, papa, » puis
de mordre au régal chaste du très jeune : « Ta
maman, tu n'en as pas, peut-être, que tu es
seul ? la mienne mange de la filasse et le monde
bat des mains. Tu ne sais rien, des parents sont
des gens drôles, qui font rire. » La parade
s'exaltait, il partit : moi, je soupirai, déçu tout
à coup de n'avoir pas de parents.

LA DECLARATION FORAINE

Le Silence! il est certain qu'à mon côté, ainsi
que songes, étendue dans un bercement de promenade sous les roues assoupissant l'interjection
de fleurs, toute femme, et j'en sais une qui voit
clair ici, m'exempte de l'effort à proférer un
vocable : la complimenter haut de quelque inter-
rogatrice toilette, offre de soi presque à l'homme
en faveur de qui s'achève l'après-midi, ne pouvant à l'encontre de tout ce rapprochement
fortuit, que suggérer la distance sur ses traits
aboutie à une fossette de spirituel sourire. Ainsi
ne consent la réalité; car ce fut impitoyablement,
hors du rayon qu'on sentait avec luxe expirer
aux vernis du landau, comme une vocifération,
parmi trop de tacite félicité pour une tombée de
jour sur la banlieue, avec orage, dans tous sens
à la fois et sans motif, du rire strident ordinaire
des choses et de leur enivrerie triomphale : au

fait, la cacophonie à l'ouïe de quiconque, un
instant écarté, plutôt qu'il ne s'y fond, auprès de
son idée, reste à vif devant la hantise de
l'existence.

« La fête de.. » et je ne sais quel rendez-vous
suburbain! nomma l'enfant voiturée dans mes
distractions, la voix claire d'aucun ennui; j'obéis
et fis arrêter.

Sans compensation à cette secousse qu'un
besoin d'explication figurative plausible pour
mes esprits, comme symétriquement s'ordonnent
des verres d'illumination peu à peu éclairés en
guirlandes et attributs, je décidai, la solitude
manquée, de m'enfoncer même avec bravoure en
ce déchaînement exprès et haïssable de tout ce
que j'avais naguères fui dans une gracieuse compagnie : prête et ne témoignant de surprise à la
modification dans notre programme, du bras
ingénu elle s'en repose sur moi, tandis que nous
allons parcourir, les yeux sur l'enfilade, l'allée
d'ahurisssement qui divise en écho du même
tapage les foires et permet à la foule d'y ren-
fermer pour un temps l'univers. Subséquemment
aux assauts d'un médiocre dévergondage en vue
de quoi que ce soit qui détourne notre stagnation

amusée par le crépuscule, au fond, bizarre et
pourpre, nous retint à l'égal de la nue incendiaire
un humain spectacle, poignant : reniée du châssis
peinturluré ou de l'inscription en capitales une
baraque, apparemment vide.

A qui ce matelas décousu pour improviser ici,
comme les voiles dans tous les temps et les
temples, l'arcane! appartint, sa fréquentation
durant le jeûne n'avait pas chez son possesseur
excité avant qu'il le déroulât comme le gonfalon
d'espoirs en liesse, l'hallucination d'une merveille
à montrer (que l'inanité de son famélique cauchemar); et pourtant, mû par le caractère frérial
d'exception à la misère quotidienne qu'un pré,
quand l'institue le mot mystérieux de fête, tient
des souliers nombreux y piétinant (en raison de
cela poind aux profondeurs des vêtements
quelque unique velléité du dur sou à sortir à
seule fin de se dépenser), lui aussi! n'importe qui
de tout dénué sauf de la notion qu'il y avait lieu
pour être un des élus, sinon de vendre, de faire
voir, mais quoi, avait cédé à la convocation du
bienfaisant rendez-vous. Ou, très prosaïquement,
peut-être le rat éduqué à moins que, lui-même,
ce mendiant sur l'athlétique vigueur de ses
muscles comptât, pour décider l'engouement
populaire, faisait défaut, à l'instant précis, comme

8.

cela résulte souvent de la mise en demeure de
l'homme par les circonstances générales.

« Battez la caisse! » proposa en altesse
Madame.. seule tu sais Qui, marquant un suranné
tambour duquel se levait, les bras décroisés afin
de signifier inutile l'approche de son théâtre sans
prestige, un vieillard que cette camaraderie avec
un instrument de rumeur et d'appel, peut-être,
séduisit à son vacant dessein ; puis comme si, de
ce que tout de suite on pût, ici, envisager de plus
beau, l'énigme, par un bijou fermant la mondaine,
en tant qu'à sa gorge le manque de réponse,
scintillait ! la voici engouffrée, à ma surprise de
pitre coi devant une halte du public qu'empaume
l'éveil des ra et des fla assourdissant mon inva-
riable et obscur pour moi-même d'abord « En-
trez, tout le monde, ce n'est qu'un sou. on le
rend à qui n'est pas satisfait de la représentation. »
Le nimbe en paillasson dans le remerciement
joignant deux paumes séniles vidé, j'en agitai les
couleurs, en signal, de loin, et me coiffai, prêt à
fendre la masse debout en le secret de ce qu'avait
su faire avec ce lieu sans rêve l'initiative d'une
contemporaine de nos soirs.

A hauteur du genou, elle émergeait, sur une
table, des cent têtes.

Net ainsi qu'un jet égaré d'autre part la dardait
électriquement, éclate pour moi ce calcul qu'à
défaut de tout, elle, selon que la mode, une fantaisie ou l'humeur du ciel circonstanciaient sa
beauté, sans supplément de danse ou de chant,
pour la cohue amplement payait l'aumône exigée
en faveur d'un quelconque; et du même trait je
comprends mon devoir en le péril de la subtile
exhibition, ou qu'il n'y avait au monde pour
conjurer la défection dans les curiosités que de
recourir à quelque puissance absolue, comme
d'une Métaphore. Vite, dégoiser jusqu'à éclaircissement, sur maintes physionomies, de leur
sécurité qui, ne saisissant tout du coup, se rend
à l'évidence, même ardue, impliquée en la parole
et consent à échanger son billon contre des pré-
somptions exactes et supérieures, bref, la certitude pour chacun de n'être pas refait.

Un coup d'œil, le dernier, à une chevelure où
fume puis éclaire de fastes de jardins le pâlis-
sement du chapeau en crêpe de même ton que la
statuaire robe se relevant, avance au spectateur,
sur un pied comme le reste hortensia.

Alors :

La chevelure vol d'une flamme à l'extrême
Occident de désirs pour la tout déployer
Se pose (je dirais mourir un diadème)
Vers le front couronné son ancien foyer

Mais sans or soupirer que cette vive nue
L'ignition du feu toujours intérieur
Originellement la seule continue
Dans le joyau de l'œil véridique ou rieur

Une nudité de héros tendre diffame
Celle qui ne mouvant astre ni feux au doigt
Rien qu'à simplifier avec gloire la femme
Accomplit par son chef fulgurante l'exploit

De semer de rubis le doute qu'elle écorche
Ainsi qu'une joyeuse et tutélaire torche

Mon aide à la taille de la vivante allégorie qui
déjà résignait sa faction, peut-être faute chez moi
de faconde ultérieure, afin d'en assoupir l'élan
gentiment à terre : « Je vous ferai observer,
ajoutai-je, maintenant de plain-pied avec l'enten-
dement des visiteurs, coupant court à leur ébahis-

sement devant ce congé par une affectation de
retour à l'authenticité du spectacle, Messieurs
et Dames, que la personne qui a eu l'honneur de
se soumettre à votre jugement, ne requiert pour
vous communiquer le sens de son charme, un
costume ou aucun accessoire usuel de théâtre.
Ce naturel s'accommode de l'allusion parfaite
que fournit la toilette toujours à l'un des motifs
primordiaux de la femme, et suffit, ainsi que votre
sympathique approbation m'en convainc. » Un
suspens de marque appréciative sauf quelques
confondants « Bien sûr! » ou « C'est cela! » et
« Oui » par les gosiers comme plusieurs bravos
prêtés par des paires de mains généreuses, con-
duisit jusqu'à la sortie sur une vacance d'arbres
et de nuit la foule où nous allions nous mêler,
n'était l'attente en gants blancs encore d'un
enfantin tourlourou qui les rêvait dégourdir à
l'estimation d'une jarretière hautaine.

— Merci, consentit la chère, une bouffée droit
à elle d'une constellation ou des feuilles bue
comme pour y trouver sinon le rassérènement,
elle n'avait douté d'un succès, du moins l'habitude frigide de sa voix : j'ai dans l'esprit le souvenir de choses qui ne s'oublient.

— Oh! rien que lieu commun d'une esthétique..

— Que vous n'auriez peut-être pas introduit, qui sait? mon ami, le prétexte de formuler ainsi devant moi au conjoint isolement par exemple de notre voiture — où est-elle — regagnons-la : — mais ceci jaillit, forcé, sous le coup de poing brutal à l'estomac, que cause une impatience de gens auxquels coûte que coûte et soudain il faut proclamer quelque chose fût-ce la rêverie..

— Qui s'ignore et se lance nue de peur, en travers du public; c'est vrai. Comme vous, Madame, ne l'auriez entendu si irréfutablement. malgré sa réduplication sur une rime du trait final, mon boniment d'après un mode primitif du sonnet (*), je le gage, si chaque terme ne s'en était répercuté jusqu'à vous par de variés tympans. pour charmer un esprit ouvert à la compréhension multiple.

— Peut-être! accepta notre pensée dans un enjouement de souffle nocturne la même.

(*) Usité à la Renaissance anglaise.

LE NÉNUPHAR BLANC

J'avais beaucoup ramé, d'un grand geste net
assoupi, les yeux au dedans fixés sur l'entier
oubli d'aller, comme le rire de l'heure coulait
alentour. Tant d'immobilité paraissait que frôlé
d'un bruit inerte où fila jusqu'à moitié la yole, je
ne vérifiai l'arrêt qu'à l'étincellement stable d'ini
tiales sur les avirons mis à nu, ce qui me rappela
à mon identité mondaine.

Qu'arrivait-il, où étais-je ?

Il fallut, pour voir clair en l'aventure, me remémorer mon départ tôt, ce juillet de flamme, sur
l'intervalle vif entre ses végétations dormantes
d'un toujours étroit et distrait ruisseau, en quête
des floraisons d'eau et avec un dessein de reconnaître l'emplacement occupé par la propriété de
l'amie d'une amie, à qui je devais improviser un

bonjour. Sans que le ruban d'aucune herbe me
retînt devant un paysage plus que l'autre chassé
avec son reflet en l'onde par le même impartial
coup de rame, je venais échouer dans quelque
touffe de roseaux, terme mystérieux de ma course,
au milieu de la rivière : où tout de suite élargie
en fluvial bosquet, elle étale un nonchaloir d'étang
plissé des hésitations à partir qu'a une source.

L'inspection détaillée m'apprit que cet obstacle
de verdure en pointe sur le courant, masquait
l'arche unique d'un pont prolongé, à terre, d'ici
et de là, par une haie clôturant des pelouses. Je
me rendis compte. Simplement le parc de Madame.., l'inconnue à saluer.

Un joli voisinage, pendant la saison, la nature
d'une personne qui s'est choisi retraite aussi hu-
midement impénétrable ne pouvant être que conforme à mon goût. Sûr, elle avait fait de ce cristal
son miroir intérieur à l'abri de l'indiscrétion éclatante des après-midi; elle y venait et la buée
d'argent glaçant des saules ne fut bientôt que la
limpidité de son regard habitué à chaque feuille.

Toute je l'évoquais lustrale.

Courbé dans la sportive attitude où me mainte-
nait de la curiosité, comme sous le silence spa-

cieux de ce que s'annonçait l'étrangère, je souris au
commencement d'esclavage dégagé par une possibilité féminine : que ne signifiaient pas mal les
courroies attachant le soulier du rameur au bois
de l'embarcation, comme on ne fait qu'un avec
l'instrument de ses sortilèges.

« — Aussi bien une quelconque.. » allais-je
terminer.

Quand un imperceptible bruit me fit douter si
l'habitante du bord hantait mon loisir, ou inespérément le bassin.

Le pas cessa, pourquoi?

Subtil secret des pieds qui vont, viennent, con-
duisent l'esprit où le veut la chère ombre enfouie
en de la batiste et les dentelles d'une jupe affluant
sur le sol comme pour circonvenir du talon à l'or-
teil, dans une flottaison, cette initiative par quoi la
marche s'ouvre, tout au bas et les plis rejetés en
traîne, une échappée, de sa double flèche savante.

Connaît-elle un motif à sa station, elle-même
la promeneuse : et n'est-ce. moi, tendre trop haut

4

la tète, pour ces joncs à ne dépasser et toute la
mentale somnolence où se voile ma lucidité, que
d'interroger jusque-là le mystère.

« — A quel type s'ajustent vos traits, je sens
leur précision, Madame, interrompre chose instal-
lée ici par le bruissement d'une venue, oui! ce
charme instinctif d'en dessous que ne défend pas
contre l'explorateur la plus authentiquement
nouée, avec une boucle en diamant, des ceintures.
Si vague concept se suffit : et ne transgres-
sera le délice empreint de généralité qui permet
et ordonne d'exclure tous visages, au point que
la révélation d'un (n'allez point le pencher, avéré,
sur le furtif seuil où je règne) chasserait mon
trouble, avec lequel il n'a que faire. »

Ma présentation, en cette tenue de maraudeur
aquatique, je la peux tenter, avec l'excuse du
hasard.

Séparés, on est ensemble : je m'immisce à de
sa confuse intimité, dans ce suspens sur l'eau où
mon songe attarde l'indécise, mieux que visite,
suivie d'autres, l'autorisera. Que de discours
oiseux en comparaison de celui que je tins pour
n'être pas entendu, faudra-t-il avant de retrouver

aussi intuitif accord que maintenant, l'ouïe au ras
de l'acajou vers le sable entier qui s'est tu !

La pause se mesure au temps de ma détermi-
nation.

Conseille, ô mon rêve, que faire ?

Résumer d'un regard la vierge absence éparse
en cette solitude et. comme on cueille, en mémoire d'un site, l'un de ces magiques nénuphars
clos qui y surgissent tout à coup, enveloppant de
leur creuse blancheur un rien, fait de songes
intacts, du bonheur qui n'aura pas lieu et de mon
souffle ici retenu dans la peur d'une apparition,
partir avec : tacitement, en déramant peu à peu
sans du heurt briser l'illusion ni que le clapotis
de la bulle visible d'écume enroulée à ma fuite ne
jette aux pieds survenus de personne la ressemblance transparente du rapt de mon idéale fleur.

Si, attirée par un sentiment d'insolite, elle a
paru, la Méditative ou la Hautaine, la Farouche,
la Gaie, tant pis pour cette indicible mine que
j'ignore à jamais ! car j'accomplis selon les règles
la manœuvre : me dégageai, virai et je contour-
nais déjà une ondulation du ruisseau, emportant
comme un noble œuf de cygne, tel que n'en
jaillira le vol, mon imaginaire trophée, qui ne se

gonfle d'autre chose sinon de la vacance exquise
de soi qu'aime, l'été, à poursuivre, dans les allées
de son parc, toute dame, arrêtée parfois et longtemps, comme au bord d'une source à franchir
ou de quelque pièce d'eau.

L'ECCLESIASTIQUE

Les printemps poussent l'organisme à des actes qui, dans une autre saison, lui sont inconnus et maint traité d'histoire naturelle abonde en descriptions de ce phénomène, chez les animaux. Qu'il serait d'un intérêt plus plausible de recueillir certaines des altérations qu'apporte l'instant climatérique dans les allures d'individus faits pour la spiritualité ! Mal quitté par l'ironie de l'hiver, j'en retiens, quant à moi, un état équivoque tant que ne s'y substitue pas un naturalisme absolu ou naïf, capable de poursuivre une jouissance dans la différentiation de plusieurs brins d'herbes. Rien dans le cas actuel n'apportant de profit à la foule, j'échappe, pour le méditer, sous quelques ombrages environnant d'hier la ville : or c'est de leur mystère presque banal que j'exhiberai un exemple saisissable et frappant des inspirations printanières.

Vive fut tout à l'heure, dans un endroit peu
fréquenté du bois de Boulogne, ma surprise
quand, sombre agitation basse, je vis, par les
mille interstices d'arbustes bons à ne rien cacher,
total et des battements supérieurs du tricorne
s'animant jusqu'à des souliers affermis par des
boucles en argent, un ecclésiastique, qui à l'écart
de témoins, répondait aux sollicitations du gazon.
A moi ne plût (et rien de pareil ne sert les desseins providentiels) que, coupable à l'égal d'un
faux scandalisé se saisissant d'un caillou du chemin, j'amenasse par mon sourire même d'intelligence, une rougeur sur le visage à deux mains
voilé de ce pauvre homme, autre que celle sans
doute trouvée dans son solitaire exercice ! Le
pied vif, il me fallut, pour ne produire par ma
présence de distraction, user d'adresse ; et fort
contre la tentation d'un regard porté en arrière,
me figurer en esprit l'apparition quasi-diabolique
qui continuait à froisser le renouveau de ses
côtes, à droite, à gauche et du ventre, en obte-
nant une chaste frénésie. Tout, se frictionner ou
jeter les membres, se rouler, glisser, aboutissait
à une satisfaction : et s'arrêter, interdit du cha-
touillement de quelque haute tige de fleur à de
noirs mollets, parmi cette robe spéciale portée
avec l'apparence qu'on est pour soi tout même sa
femme. Solitude, froid silence épars dans la verdure, perçus par des sens moins subtils qu'inquiet, vous enchantiez les claquements furibonds

d'une étoffe ; comme si la nuit absconse en ses plis en sortait enfin secouée ! et les heurts sourds contre la terre du squelette rajeuni ; mais l'énergumène n'avait point à vous contempler. Hilare, c'était assez de chercher en soi la cause d'un plaisir ou d'un devoir, qu'expliquait mal un retour, devant une pelouse, aux gambades du séminaire. L'influence du souffle vernal doucement dilatant les immuables textes inscrits en sa chair, lui aussi, enhardi de ce trouble agréable à sa stérile pensée, était venu reconnaître par un contact avec la Nature, immédiat, net, violent, positif, dénué de toute curiosité intellectuelle, le bien-être général ; et candidement, loin des obédiences et de la contrainte de son occupation, des canons, des interdits, des censures, il se roulait, dans la béatitude de sa simplicité native, plus heureux qu'un âne. Que le but de sa promenade atteint se soit, droit et d'un jet, relevé non sans secouer les pistils et essuyer les sucs attachés à sa personne, le héros de ma vision, pour rentrer, inaperçu, dans la foule et les habitudes de son ministère, je ne songe à rien nier ; mais j'ai le droit de ne point considérer cela. Ma discrétion vis-à-vis d'ébats d'abord apparus n'a-t-elle pas pour récompense d'en fixer à jamais comme une rêverie de passant se plût à la compléter, l'image marquée d'un sceau mystérieux de modernité, à la fois baroque et belle ?

LA GLOIRE

La Gloire ! je ne la sus qu'hier, irréfragable,
et rien ne m'intéressera d'appelé par quelqu'un
ainsi.

Cent affiches s'assimilant l'or incompris des
jours, trahison de la lettre, ont fui, comme à tous
confins de la ville, mes yeux au ras de l'horizon
par un départ sur le rail traînés avant de se
recueillir dans l'abstruse fierté que donne une
approche de forêt en son temps d'apothéose.

Si discord parmi l'exaltation de l'heure, un
cri faussa ce nom connu pour déployer la conti-
nuité de cimes tard évanouies, Fontainebleau, que
je pensai, la glace du compartiment violentée, du

poing aussi étreindre à la gorge l'interrupteur :
Tais-toi ! Ne divulgue pas du fait d'un aboi indifférent l'ombre ici insinuée dans mon esprit, aux
portières de wagons battant sous un vent inspiré
et égalitaire, les touristes omniprésents vomis.
Une quiétude menteuse de riches bois suspend
alentour quelque extraordinaire état d'illusion.
que me réponds-tu ? qu'ils ont, ces voyageurs.
pour ta gare aujourd'hui quitté la capitale, bon
employé vociférateur par devoir et dont je n'attends, loin d'accaparer une ivresse à tous départie
par les libéralités conjointes de la nature et de
l'État, rien qu'un silence prolongé le temps de
m'isoler de la délégation urbaine vers l'extatique
torpeur de ces feuillages là-bas trop immobilisés
pour qu'une crise ne les éparpille bientôt dans
l'air ; voici, sans attenter à ton intégrité, tiens,
une monnaie.

Un uniforme inattentif m'invitant vers quelque
barrière, je remets sans dire mot, au lieu du
suborneur métal, mon billet.

Obéi pourtant, oui, à ne voir que l'asphalte
s'étaler net de pas, car je ne peux encore imaginer qu'en ce pompeux octobre exceptionnel du

million d'existences étageant leur vacuité en tant
qu'une monotonie énorme de capitale dont va
s'effacer ici la hantise avec le coup de sifflet sous
la brume, aucun furtivement évadé que moi n'ait
senti qu'il est, cet an, d'amers et lumineux sanglots, mainte indécise flottaison d'idée désertant
les hasards comme des branches, tel frisson et ce
qui fait penser à un automne sous les cieux.

Personne et, les bras de doute envolés comme
qui porte aussi un lot d'une splendeur secrète,
trop inappréciable trophée pour paraître! mais
sans du coup m'élancer dans cette diurne veillée
d'immortels troncs au déversement sur un d'or-
gueils surhumains (or ne faut-il pas qu'on en
constate l'authenticité?) ni passer le seuil où des
torches consument, dans une haute garde, tous
rêves antérieurs à leur éclat répercutant en
pourpre dans la nue l'universel sacre de l'intrus
royal qui n'aura eu qu'à venir : j'attendis, pour
l'être, que lent et repris du mouvement ordinaire,
se réduisit à ses proportions d'une chimère puérile emportant du monde quelque part, le train
qui m'avait là déposé seul.

CONFLIT

Longtemps, voici du temps — je croyais —
que s'exempta mon idée d'aucun accident même
vrai : préférant aux hasards, puiser, dans son
principe, jaillissement.

Un goût pour une maison abandonnée, lequel
paraîtrait favorable à cette disposition, amène à
me dédire : tant le contentement pareil, chaque
année verdissant l'escalier de pierres extérieur,
sauf celle-ci, à pousser contre les murailles un
volet hivernal puis raccorder comme si pas d'in-
terruption, l'œillade d'à présent au spectacle im-
mobilisé autrefois. Gage de retours fidèles, mais
voilà que ce battement, vermoulu, scande un
vacarme, refrains, altercations, en-dessous : je
me rappelle comment la légende de la malheureuse demeure dont je hante le coin intact, enva-

hie par une bande de travailleurs en train d'offen-
ser le pays parce que tout de solitude, avec une
voie ferrée, survint, m'angoissa au départ, irais-
je ou pas, me fit presque hésiter — à revoir, tant
pis! ce sera à défendre, comme mien, arbitraire-
ment s'il faut, le local et j'y suis. Une tendresse,
exclusive dorénavant, que ç'ait été lui qui, dans
la suppression concernant des sites précieux,
reçût la pire injure; hôte, je le deviens, de sa
déchéance : invraisemblablement, le séjour chéri
pour la désuétude et de l'exception, tourné par les
progrès en cantine d'ouvriers de chemin de fer.

Terrassiers, puisatiers, par qui un velours hâve
aux jambes, semble que le remblai bouge, ils
dressent, au repos, dans une tranchée, la rayure
bleu et blanc transversale des maillots comme
la nappe d'eau peu à peu (vêtement oh! que
l'homme est la source qu'il cherche) : ce les sont,
mes co-locataires jadis ceux, en esprit, quand
je les rencontrai sur les routes, choyés comme
les ouvriers quelconques par excellence : la
rumeur les dit chemineaux. Las et forts,
grouillement partout où la terre a souci d'être
modifiée, eux trouvent, en l'absence d'usine,
sous les intempéries, indépendance.

Les maîtres si quelque part, dénués de gêne,

verbe haut. — Je suis le malade des bruits et m'étonne que presque tout le monde répugne aux odeurs mauvaises, moins au cri. Cette cohue entre, part, avec le manche, à l'épaule, de la pioche et de la pelle : or, elle invite, en sa faveur. les émotions de derrière la tête et force à procéder, directement, d'idées dont on se dit *c'est de la littérature !* Tout à l'heure, dévot ennemi, pénétrant dans une crypte ou cellier en commun, devant la rangée de l'outil double, cette pelle et cette pioche, sexuels — dont le métal, résumant la force pure du travailleur, féconde les terrains sans culture, je fus pris de religion, outre que de mécontentement, émue à m'agenouiller. Aucun homme de loi ne se targue de déloger l'intrus — baux tacites, usages locaux — établi par surprise et ayant même payé aux propriétaires : je dois jouer le rôle ou restreindre, à mes droits, l'empiètement. Quelque langage, la chance que je le tienne, comporte du dédain, bien sûr, puisque la promiscuité, couramment, me déplaît : ou, serai-je, d'une note juste, conduit à discourir ainsi ? — Camarades — par exemple — vous ne supposez pas l'état de quelqu'un épars dans un paysage celui-ci, où toute foule s'arrête, en tant qu'épaisseur de forêt à l'isolement que j'ai voulu tutélaire de l'eau ; or mon cas, tel et, quand on jure, hoquète, se bat et s'estropie, la discordance produit, comme dans ce suspens lumineux de l'air, la plus intolérable si

sachez, invisible des déchirures. — Pas que je
redoute l'inanité, quant à des simples, de cet
aveu, qui les frapperait, sûrement, plus qu'autres
au monde et ne commanderait le même rire immédiat qu'à onze messieurs, pour voisins : avec
le sens, pochards, du merveilleux et, soumis à
une rude corvée, de délicatesses quelque part
supérieures, peut-être ne verraient-ils, dans mon
douloureux privilège, aucune démarcation strictement sociale pour leur causer ombrage, mais
personnelle — s'observeraient-ils un temps, bref,
l'habitude plausiblement reprend le dessus ; à
moins qu'un ne répondît, tout de suite, avec éga-
lité. — Nous, le travail cessé pour un peu, éprou-
vons le besoin de se confondre, entre soi : qui a
hurlé, moi, lui ? son coup de voix m'a grandi, et
tiré de la fatigue, aussi est-ce, déjà, boire, gratuitement, d'entendre crier un autre. — Leur chœur,
incohérent, est en effet nécessaire. Comme vite
je me relâche de ma défense, avec la même sen-
sibilité qui l'aiguisa ; et j'introduis, par la main,
l'assaillant. Ah ! à l'exprès et propre usage du
rêveur se clôture, au noir d'arbres, en spacieux
retirement, la Propriété, comme veut le vulgaire :
il faut que je l'aie manquée, avec obstination,
durant mes jours — omettant le moyen d'acquisition — pour satisfaire quelque singulier
instinct de ne rien posséder et de seulement passer, au risque d'une résidence comme maintenant ouverte à l'aventure qui n'est pas tout à

fait, le hasard, puisqu'il me rapproche, selon que
je me fis, de prolétaires.

Alternatives. je prévois la saison, de sympathie
et de malaise..

— Ou souhaiterais, pour couper court, qu'un
me cherchât querelle : en attendant et seule stra-
tégie, s'agit de clore un jardinet, sablé, fleuri par
mon art, en terrasse sur l'onde, la pièce d'habita-
tion à la campagne.. Qu'étranger ne passe le
seuil, comme vers un cabaret, les travailleurs
iront à leur chantier par un chemin loué et fau-
ché dans les moissons.

.   .

« Fumier! » accompagné de pieds dans la grille,
se profère violemment : je comprends qui l'amé-
nité nomme, eh ! bien même d'un soulaud, grand
gars le visage aux barreaux, elle me vexe malgré
moi: est-ce caste, du tout, je ne mesure, individu
à individu, de différence, en ce moment, et ne
parviens à ne pas considérer le forcené, titu-
bant et vociférant, comme un homme ou à nier
le ressentiment à son endroit. Très raide, il me
scrute avec animosité. Impossible de l'annuler,
mentalement : de parfaire l'œuvre de la boisson,
le coucher, d'avance, en la poussière et qu'il ne

soit pas ce colosse tout à coup grossier et mé-
chant. Sans que je cède même par un pugilat qui
illustrerait, sur le gazon, la lutte des classes, à
ses nouvelles provocations débordantes. Le mal
qui le ruine, l'ivrognerie, y pourvoira, à ma
place, au point que le sachant, je souffre de mon
mutisme, gardé indifférent, qui me fait complice.

Un énervement d'états contradictoires, oiseux,
faussés et la contagion jusqu'à moi, par du trouble, de quelque imbécile ébriété.

Même le calme, obligatoire dans une région
d'échos, comme on y trempe, je l'ai, particulièrement les soirs de dimanche, jusqu'au silence.
Appréhension quant à cette heure, qui prend la
transparence de la journée, avant les ombres puis
l'écoule lucide vers quelque profondeur. J'aime
assister, en paix, à la crise et qu'elle se réclame
de quelqu'un. Les compagnons apprécient l'instant, à leur façon, se concertent, entre souper et
coucher, sur les salaires ou interminablement
disputent, en le décor vautrés. M'abstraire ni
quitter, exclus, la fenêtre, regard, moi-là, de
l'ancienne bâtisse sur l'endroit qu'elle sait; pour
faire au groupe des avances sans elle! Toujours

le cas : pas lieu de se trouver ensemble ; un contact
peut, je le crains, n'intervenir entre des hommes.
— « Je dis » une voix « que nous trimons, chacun ici, au profit d'autres. » — « Mieux, » inter-
rompais-je bas, « vous le faites, afin qu'on vous
paie et d'être légalement, quant à vous seuls. »
— « Oui, les bourgeois, » j'entends, peu concerné
« veulent un chemin de fer ». — « Pas moi, du
moins » pour sourire « je ne vous ai pas appelés
dans cette contrée de luxe et sonore, bouleversée
autant que je suis gêné ». Ce colloque, fréquent,
en muettes restrictions de mon côté, manque, par
enchantement ; quelle pierrerie, le ciel fluide !
Toutes les bouches ordinaires tues au ras du
sol comme y dégorgeant leur vanité de parole.
J'allais conclure : « Peut-être moi, aussi, je travaille.. — A quoi ? n'eût objecté aucun, admettant, à cause de comptables, l'occupation trans-
férée des bras à la tête. A quoi — tait, dans la
conscience seule, un écho — du moins, qui puisse
servir, parmi l'échange général. Tristesse que ma
production reste, à ceux-ci, par essence, comme
les nuages au crépuscule ou des étoiles, vaine.

Véritablement, aujourd'hui, qu'y a-t-il ?

L'escouade du labeur gît au rendez-vous mais
vaincue. Ils ont trouvé, l'un après l'autre qui la

forment, ici affalée en l'herbe, l'élan à peine,
chancelant tous comme sous un projectile, d'arriver et tomber à cet étroit champ de bataille : quel
sommeil de corps contre la motte sourde.

Ainsi vais-je librement admirer et songer.

Non, ma vue ne peut, de l'ouverture où je
m'accoude, s'échapper dans la direction de l'horizon, sans que quelque chose de moi n'enjambe,
indûment, avec manque d'égard et de convenance
à mon tour, cette jonchée d'un fléau : dont,
en ma qualité, je dois comprendre le mystère et
juger le devoir : car, contrairement à la majorité
et beaucoup de plus fortunés, le pain ne lui a pas
suffi — ils ont peiné une partie notable de la semaine, pour l'obtenir, d'abord ; et, maintenant,
la voici, demain, ils ne savent pas, rampent par le
vague et piochent sans mouvement — qui fait en son
sort, un trou égal à celui creusé, jusqu'ici, tous
les jours, dans la réalité des terrains (fondation,
certes, de temple). Ils réservent, honorablement,
sans témoigner de ce que c'est ni que s'éclaire
cette fête, la part du sacré dans l'existence, par un
arrêt, l'attente et le momentané suicide. La con-
naissance qui resplendirait — d'un orgueil inclus
à l'ouvrage journalier, résister, simplement et se
montrer debout — alentour magnifiée par une

colonnade de futaie; quelque instinct la chercha
dans un nombre considérable, pour les déjeter
ainsi, de petits verres et ils en sont, avec l'absolu
d'un accomplissement rituel, moins officiants que
victimes, à figurer, au soir, l'hébétement de
tâches si l'observance relève de la fatalité plus
que d'un vouloir.

Les constellations s'initient à briller : comme
je voudrais que parmi l'obscurité qui court sur
l'aveugle troupeau, aussi des points de clarté,
telle pensée tout à l'heure, se fixassent, malgré
ces yeux scellés ne les distinguant pas — pour le
fait, pour l'exactitude, pour qu'il soit dit. Je pen-
serai, donc, uniquement, à eux, les importuns,
qui me ferment, par leur abandon, le lointain
vespéral : plus que, naguères, par leur tumulte.
Ces artisans de tâches élémentaires, il m'est loi-
sible, les veillant, à côté d'un fleuve limpide continu, d'y regarder le peuple — une intelligence
robuste de la condition humaine leur courbe
l'échine journellement pour tirer, sans l'intermédiaire du blé, le miracle de vie qui assure la
présence : d'autres ont fait les défrichements passés et des aqueducs ou livreront un terre-plein à
telle machine, les mêmes, Louis-Pierre, Martin,
Poitou et le Normand, quand ils ne dorment pas,
ainsi s'invoquent-ils selon les mères ou la pro-

vince ; mais plutôt des naissances sombrèrent en l'anonymat et l'immense sommeil l'ouïe à la génératrice, les prostrant, cette fois, subit un accablement et un élargissement de tous les siècles et, autant cela possible — réduite aux proportions sociales, d'éternité.

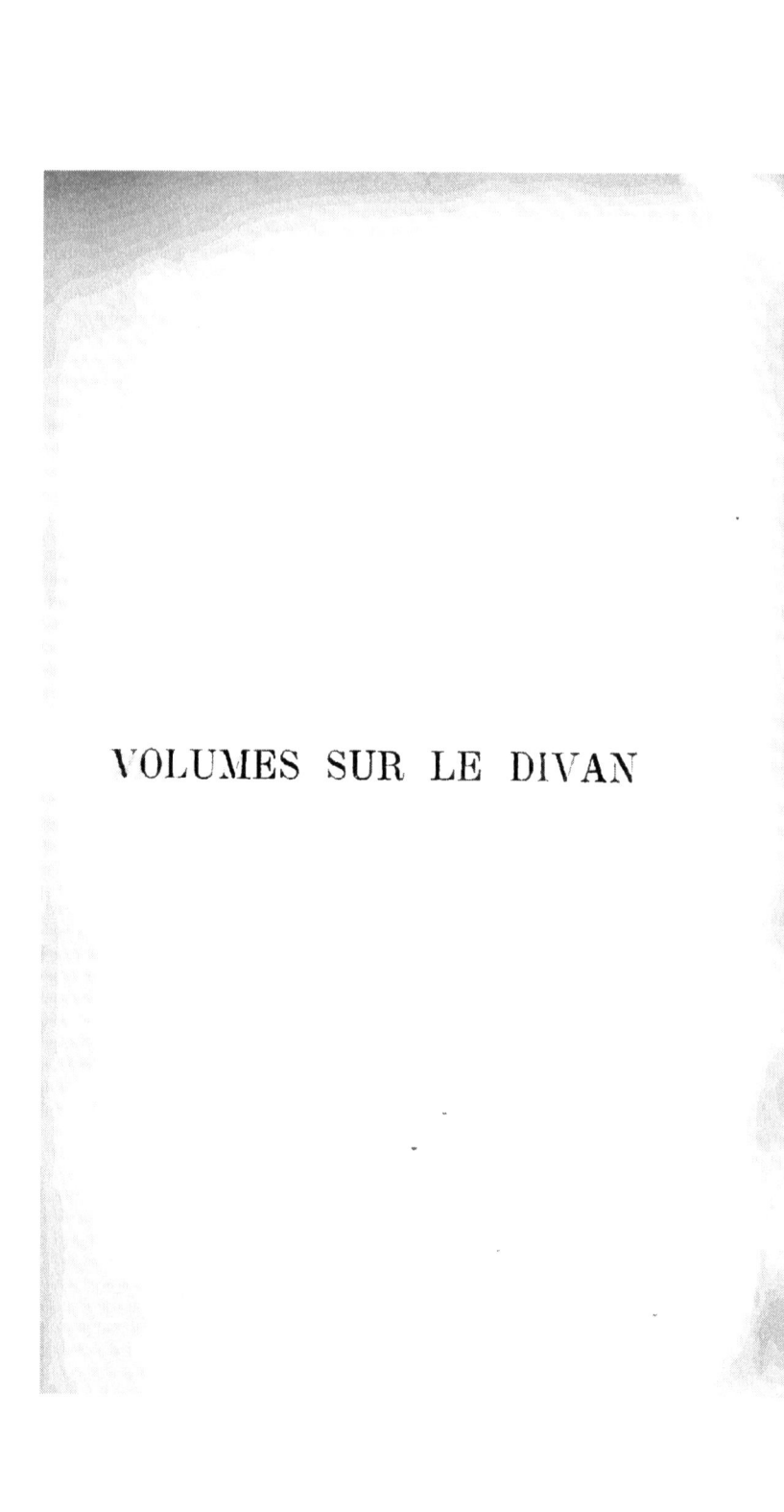

VOLUMES SUR LE DIVAN

AUTREFOIS, EN MARGE D'UN

BAUDELAIRE

Muse de l'impuissance, qui taris le rythme et me forces de relire; ennemie avec des breuvages, je te rends l'ivresse qui vient d'autrui.

Un paysage hante intense comme l'opium ; là-haut et à l'horizon, la nue livide, avec une trouée bleue de la Prière — pour végétation, souffrent des arbres dont l'écorce douloureuse enchevêtre des nerfs dénudés, leur croissance visible s'accompagne malgré l'air immobile, d'une plainte de violon qui, à l'extrémité frissonne en feuilles : leur ombre étale de taciturnes miroirs en des plates-bandes d'absent jardin, au granit noir du bord enchâssant l'oubli, avec tout le futur. Les bouquets à terre, alentour, quelques plumes d'aile déchues. Le jour, selon un rayon, puis d'autres :

perd l'ennui, ils flamboient, une incompréhensible
pourpre coule — du fard? du sang? Étrange le
coucher de soleil! Ou ce torrent de larmes illu-
minées par le feu de bengale de l'artificier Satan
qui se meut derrière? La nuit ne prolonge
que le crime, le remords et la Mort. Alors se
voiler la face de sanglots moins par ce cauchemar
que dans le sinistre bris de tout exil : qu'est-ce le
Ciel?

MORCEAU

pour résumer *Vathek*

L'histoire du Calife Vathek commence au faîte
d'une tour d'où se lit le firmament, pour finir bas
dans un souterrain enchanté; tout le laps de
tableaux graves ou riants et de prodiges séparant
ces extrêmes. Architecture magistrale de la fable
et son concept non moins beau! Quelque chose de
fatal ou comme d'inhérent à une loi hâte du
pouvoir aux enfers la descente faite par un prince
accompagné de son royaume; seul, au bord du
précipice : il a voulu nier la religion d'Etat à
laquelle se lasse l'omnipotence d'être conjointe du
fait de l'universelle génuflexion, pour des pratiques de magie, alliées au désir insatiable. L'aventure des antiques dominations tient dans ce drame,
où agissent trois personnages qui sont une mère
perverse et chaste, proie d'ambitions et de rites,
et une nubile amante; en sa singularité seul digne
de s'opposer au despote, hélas! un languide,

6

précoce mari, lié par de joueuses fiançailles. Ainsi
répartie et entre de délicieux nains dévots, des
goules, puis d'autres figurants qu'elle accorde
avec le décor mystique ou terrestre, de la fiction
sort un appareil insolite : oui, les moyens méconn-
us autrefois de l'art de peindre, tels qu'accumu-
lation d'étrangetés produite simplement pour leur
caractère unique ou de laideur, une bouffonnerie
irrésistible et ample, montant en un crescendo
quasi lyrique, la silhouette des passions ou de
cérémonials et que n'ajouter pas ? A peine si la
crainte de s'attarder à de ces détails, y perdant de
vue le dessin de tel grand songe surgi à la pensée
du narrateur, le fait par trop abréger ; il donne
une allure cursive à ce que le développement eût
accusé. Tant de nouveauté et la *couleur locale*, sur
quoi se jette au passage le goût récent pour faire
comme, avec, une orgie, seraient peu, en raison
de la grandeur des visions ouvertes par le sujet ;
où cent impressions, plus captivantes même que
des procédés, se dévoilent à leur tour. Les isoler
par formules distinctes et brèves, le faut-il ? et j'ai
peur de ne rien dire en énonçant *la tristesse de
perspectives monumentales très vastes*, jointe *au mal
d'un destin supérieur* : enfin l'effroi causé par *des
arcanes* et le vertige par *l'exagération orientale des
nombres* : *le remords* qui s'installe *de crimes vagues
ou inconnus* : *les langueurs virginales de l'innocence
et de la prière* ; *le blasphème, la méchanceté, la foule* (*).

(*) Citations.

Une poésie (que l'origine n'en soit ailleurs ni l'habitude chez nous) bien inoubliablement liée au livre apparaît dans quelque étrange juxtaposition d'innocence quasi idyllique avec les solennités énormes ou vaines de la magie : alors se teint et s'avive, comme des vibrations noires d'un astre, la fraîcheur de scènes naturelles, jusqu'au malaise; mais non sans rendre à cette approche du rêve quelque chose de plus simple et de plus extraordinaire.

QUELQUES

MÉDAILLONS ET PORTRAITS EN PIED

VILLIERS DE L'ISLE-ADAM

Nul, que je me rappelle, ne fut, par un vent
d'illusion engouffré dans les plis visibles, tombant
de son geste ouvert qui signifiait : « Me voici »,
avec une impulsion aussi véhémente et surna-
turelle, poussé, que jadis cet adolescent ; on ne
connut à ce moment de la jeunesse dans lequel
fulgure le destin entier, non le sien, mais celui
possible de l'Homme ! la scintillation mentale qui
désigne le buste à jamais du diamant d'un ordre
solitaire, ne serait-ce qu'en raison de regards
abdiqués par la conscience des autres. Je ne sais
pas, mais je crois, en réveillant ces souvenirs de
primes années, que vraiment l'arrivée fut extraordinaire, ou que nous étions bien fous ! les deux
peut-être et me plais à l'affirmer. Il agitait aussi
des drapeaux de victoire très anciens, ou futurs,
ceux-là mêmes qui laissent de l'oubli des piliers

choir leur flamme amortie brûlant encore : je jure
que nous les vîmes.

Ce qu'il voulait, ce survenu, en effet, je pense
sérieusement que c'était : régner. Ne s'avisa-t-il
pas, les gazettes indiquant la vacance d'un trône,
celui de Grèce, incontinent d'y faire valoir ses
droits, en vertu de suzerainetés ancestoriales, aux
Tuileries : réponse, qu'il repassât, le cas échéant,
une minute auparavant on en avait disposé. La
légende, vraisemblable, ne fut jamais, par l'intéressé, démentie. Aussi ce candidat à toute majesté survivante, d'abord élut-il domicile chez les
poètes ; cette fois, décidé, il le disait, assagi, clair-
voyant « avec l'ambition — d'ajouter à l'illustration de ma race la seule gloire vraiment noble de
nos temps, celle *d'un grand écrivain* ». La devise
est restée.

Quel rapport pouvait-il y avoir entre des mar-
ches doctes au souffle de chesnaies près le bruit
de mer ; ou que la solitude ramenée à soi-même
sous le calme nobiliaire et provincial de quelque
hôtel désert de l'antique Saint-Brieuc, se concen-
trât pour en surgir, en tant que silence tonnant
des orgues dans la retraite de mainte abbaye con-
sultée par une juvénile science et, cette fois, un
groupe, en plein Paris perdu, de plusieurs bache-
liers eux-mêmes intuitifs à se rejoindre : au milieu de qui exactement tomba le jeune Philippe-

Auguste Mathias de si prodigieux nom. Rien ne
troublera, chez moi ni dans l'esprit de plusieurs
hommes, aujourd'hui dispersés, la vision de
l'arrivant. Éclair, oui, cette réminiscence brillera
selon la mémoire de chacun, n'est-ce pas? des
assistants. François Coppée, Dierx, Heredia,
Paul Verlaine, rappelez-vous et Catulle Mendès.

Un génie! nous le comprimes tel.

Dans ce conclave qui, aux débuts d'une génération, en vue d'entretenir à tout le moins un
reflet du saint éclat, assemble des jeunes gens,
en cas qu'un d'eux se décèle l'Élu : on le sentit,
tout de suite, présent, tous subissant la même
commotion.

Je le revois.

Ses aïeux étaient dans le rejet par un mouvement à sa tête habituel, en arrière, dans le passé,
d'une vaste chevelure cendrée indécise, avec un
air de : « Qu'ils y restent, je saurai faire, quoique
cela soit plus difficile maintenant »; et nous ne
doutions pas que son œil bleu pâle, emprunté à
des cieux autres que les vulgaires, ne se fixât

sur l'exploit philosophique prochain, de nous
irrévé.

Certainement, il surprit ce groupe où, non
sans raison, comme parmi ses congénères, il
avait atterri, d'autant mieux qu'à de hauts noms,
comme Rodolphe-le-Bel, seigneur de Villiers et de
Dormans, 1067, le fondateur — Raoul, sire de
Villiers-le-Bel, en 1146; Jean de Villiers, mari,
en 1324, de Marie de l'Isle, et leur fils, Pierre Ier
qui, la famille éteinte des seigneurs de l'Isle-
Adam, est le premier Villiers de l'Isle-Adam —
Jean de Villiers, petit-fils, maréchal de France
qui se fit héroïquement massacrer, en 1437, à
Bruges, pour le duc de Bourgogne — enfin
le premier des grands maîtres de Malte proprement dits, par cela qu'il fut le dernier des
grands maîtres de Rhodes, le vaincu valeureux
de Soliman, du fait de Charles-Quint restauré,
Philippe de Villiers de l'Isle-Adam, honneur des
chevaliers de Saint-Jean de Jérusalem (la sonorité se fait plus générale) ; à tant d'échos, après
tout qui sommolent dans les traités ou les généa-
logies, le dernier descendant vite mêlait d'autres
noms qui, pour nous, artistes unis dans une tentative restreinte, je vais dire laquelle, comportaient peut-être un égal lointain, encore qu'ils
fussent plutôt de notre monde : Saint Bernard,
Kant, le Thomas de la Somme, principalement un
désigné par lui, le **Titan** de l'Esprit Humain.

Hegel, dont le singulier lecteur semblait aussi se recommander, entre autres cartes de visite ou lettres de présentation, ayant compulsé leurs tomes, en ces retraites, qu'avec une entente de l'existence moderne il multipliait, au seuil de ses jours, dans des monastères, Solesmes, la Trappe et quelques-uns imaginaires, pour que la solitude y fût complète (parce qu'entré dans la lutte et la production il n'y a plus à apprendre qu'à ses dépens, la vie). Il lut considérablement, une fois pour toutes et les ans à venir, notamment ce qui avait trait à la grandeur éventuelle de l'Homme, soit en l'histoire, soit interne, voire dans le doute ici d'une réalisation — autre part, du fait des promesses, selon la religion : car il était prudent.

Nous, par une velléité différente, étions groupés : simplement resserrer une bonne fois, avant de le léguer au temps, en condition excellente, avec l'accord voulu et définitif, un vieil instrument parfois faussé, le vers français, et plusieurs se montrèrent, dans ce travail, d'experts luthiers.

A l'enseigne un peu rouillée maintenant du *Parnasse Contemporain*. traditionnelle, le vent l'a décrochée, d'où soufflé? nul ne le peut dire; indiscutable : la vieille métrique française (je n'ose ajouter la poésie) subit, à l'instant qu'il est, une crise merveilleuse, ignorée dans aucune époque, chez aucune nation; où, parmi les plus zélés réma-

niements de tous genres, jamais on ne touche à
la prosodie. Toutefois la précaution parnassienne
ne reste pas oiseuse : elle fournit le point de
repère entre la refonte, toute d'audace, romantique, et la liberté ; et marque (avant que ne se
dissolve, en quelque chose d'identique au clavier
primitif de la parole, la versification) un jeu officiel ou soumis au rythme fixe.

Souci qui moindre pour un prince intellectuel
du fond d'une lande ou des brumes et de la réflexion surgi, afin de dominer par quelque moyen
et d'attribuer à sa famille, ayant attendu au delà
des temps, une souveraineté récente quasi mystique — pesait peu dans une frêle main, creuset de
vérités dont l'effusion devait illuminer — ne signifiait guère, sauf la particularité peut-être que nous
professâmes, le vers n'étant autre qu'un mot parfait, vaste, natif, une adoration pour la vertu des
mots : celle-ci ne pouvait être étrangère à qui
venait conquérir tout avec un mot, son nom,
autour duquel déjà il voyait, à vrai dire, matériellement, se rallumer le lustre, aujourd'hui
discernable pour notre seul esprit. Le culte
du vocable que le prosateur allait tant, et plus
que personne, solenniser (et lequel n'est, en dehors
de toute doctrine, que la glorification de l'intimité
même de la race, en sa fleur, le parler) serra
tout de suite un lien entre les quelques-uns et
lui : non que Villiers dédaignât le déploiement

du mot en vers, il gardait dans quelque malle,
avec la plaque de Malte, parmi les engins de
captation du monde moderne, un recueil de poésies, visionnaire déjà, dont il trouva séant de ne
point souffler, parmi des émailleurs et graveurs
sur gemmes, préférant se rendre compte à la
dérobée, attitude qui chez un débutant dénote du
caractère. Même, après un laps, il fit lapidaire son
enthousiasme et paya la bienvenue, parmi nous,
avec des *lieds* ou chants brefs.

Ainsi il vint, c'était tout, pour lui; pour nous,
la surprise même — et toujours, des ans, tant
que traîna le simulacre de sa vie, et des ans,
jusqu'aux précaires récents derniers, quand chez
l'un de nous l'appel de la porte d'entrée susci-
tait l'attention par quelque son pur, obstiné, fatidique comme d'une heure absente aux cadrans
et qui voulait demeurer, invariablement se répétait pour les amis anciens eux-mêmes vieillis, et
malgré la fatigue à présent du visiteur, lassé,
cassé, cette obsession de l'arrivée d'autrefois.

Villiers de l'Isle-Adam se montrait.

Toujours, il apportait une fête, et le savait;
et maintenant ce devenait plus beau peut-être,

plus humblement beau, ou poignant, cette irruption, des antiques temps, incessamment ressassée,
que la première en réalité; malgré que le mystère
par lui quitté jadis, la vague ruine à demi écrou-
lée sur un sol de foi s'y fût à tout jamais tassée :
or, on se doutait entre soi d'autres secrets pas
moins noirs, ni sinistres et de tout ce qui assail-
lait le désespéré seigneur perpétuellement échappé
au tourment. La munificence, dont il payait le
refuge! aussitôt dépouillée l'intempérie du dehors
ainsi qu'un rude pardessus : l'allégresse de reparaître lui, très correct et presque élégant nonobstant des difficultés, et de se mirer en la certitude que dans le logis, comme en plusieurs,
sans préoccupation de dates, du jour, fût-ce de
l'an, on l'attendait — il faut l'avoir ouï six
heures durant quelquefois! Il se sentait en retard
et, pour éviter les explications, trouvait des raccourcis éloquents, des bonds de pensée et de tels
sursauts, qui inquiétaient le lieu cordial. A mesure que dans le corps à corps avec la contra-
riété s'amoindrissait, dans l'aspect de l'homme
devenu chétif, quelque trait saillant de l'apparition de jeunesse, à quoi il ne voulut jamais être
inférieur, il le centuplait par son jeu, de douloureux sous-entendus ; et signifiait pour ceux auxquels pas une inflexion de cette voix, et même le
silence, ne restait étranger : « J'avais raison,
jadis, de me produire ainsi, dans l'exagération
causé

ordinaires, certes, d'un roi spirituel, ou de qui ne doit pas être ; ne fût-ce que pour vous en donner l'idée. Histrion véridique, je le fus de moi-même ! de celui que nul n'atteint en soi, excepté à des moments de foudre et alors on l'expie de sa durée, comme déjà ; et vous voyez bien que cela est (dont vous sentîtes par moi l'impression, puisque me voici conscient et que je m'exprime maintenant en le même langage (qui sert, chez autrui, à se duper, à converser, à se saluer) et dorénavant le percevrez, comme si, sous chacun de mes termes, l'or convoité et tu à l'envers de toute loquacité humaine, à présent ici s'en dissolvait, irradié, dans une véracité de trompettes inextinguibles pour leur supérieure fanfare. »

Il se taisait ; merci, Toi, maintenant d'avoir parlé, on comprend.

Minuits avec indifférence jetés dans cette veillée mortuaire d'un homme debout auprès de lui-même, le temps s'annulait, ces soirs ; il l'écartait d'un geste, ainsi qu'à mesure son intarissable parole, comme on efface, quand cela a servi ; et dans ce manque de sonnerie d'instant perçue à de réelles horloges, il paraissait — toute la lucidité de cet esprit suprêmement net, même dans des

délibérations peu communes, sur quelque chose
de mystérieux fixée comme serait l'évanouissement tardif, jusqu'à l'espace élargi, du timbre
annonciateur, lequel avait fait dire à l'hôte :
« C'est Villiers » quand, affaiblie, une millième
fois se répétait son arrivée de jadis — discuter
anxieusement avec lui-même un point, énigmatique et dernier, pourtant à ses yeux clair. Une
question d'heure, en effet, étrange et de grand
intérêt, mais qu'ont occasion de se poser peu
d'hommes ici-bas, à savoir que peut-être lui ne
serait point venu à la sienne, pour que le conflit
fût tel. Si ! à considérer l'Histoire il avait été
ponctuel, devant l'assignation du sort, nullement
intempestif, ni répréhensible : car ce n'est pas
contemporainement à une époque, aucunement,
que doivent, pour exalter le sens, advenir ceux
que leur destin chargea d'en être à nu l'expression ; ils sont projetés maints siècles au delà, stupéfaits, à témoigner ce qui, normal à l'instant
même, vit tard magnifiquement par le regret, et
trouvera dans l'exil de leur nostalgique esprit
tourné vers le passé, sa vision pure.

VERLAINE

La tombe aime tout de suite le silence.

Acclamations, renom, la parole haute cesse et le sanglot des vers abandonnés ne suivra jusqu'à ce lieu de discrétion celui qui s'y dissimule pour ne pas offusquer, d'une présence, sa gloire.

Aussi, de notre part, à plus d'un menant un deuil fraternel, aucune intervention littéraire : elle occupe, unanimement, les journaux, comme les blanches feuilles de l'œuvre interrompu ressaisiraient leur ampleur et s'envolent porter le cri d'une disparition vers la brume et le public.

La Mort, cependant, institue exprès cette dalle pour qu'un pas dorénavant puisse s'y affermir en vue de quelque explication ou de dissiper le malen-

7.

tendu. Un adieu du signe au défunt cher lui tend
la main, si convenait à l'humaine figure souveraine
que ce fut, de reparaître, une fois dernière,
pensant qu'on le comprit mal et de dire : Voyez
mieux comme j'étais.

Apprenons, messieurs, au passant, à quiconque,
absent, certes, ici, par incompétence et vaine
vision se trompa sur le sens extérieur de notre
ami, que cette tenue, au contraire, fut, entre
toutes, correcte.

Oui, les *Fêtes Galantes,* la *Bonne Chanson, Sagesse,*
Amour. Jadis et Naguère, Parallèlement ne verse-
raient-ils pas, de génération en génération, quand
s'ouvrent, pour une heure, les juvéniles lèvres,
un ruisseau mélodieux qui les désaltérera d'onde
suave, éternelle et française — conditions, un peu,
à tant de noblesse visible : que nous aurions pro-
fondément à pleurer et à vénérer, spectateurs
d'un drame sans le pouvoir de gêner même par de
la sympathie rien à l'attitude absolue que quelqu'un se fit en face du sort.

Paul Verlaine, son génie enfui au temps futur,
reste héros.

Seul, ô plusieurs qui trouverions avec le dehors
tel accommodement fastueux ou avantageux,
considérons que — seul, comme revient cet

exemple par les siècles rarement, notre contemporain affronta, dans toute l'épouvante, l'état du chanteur et du rêveur. La solitude, le froid, l'inélégance et la pénurie, qui sont des injures infligées auxquelles leur victime aurait le droit de répondre par d'autres volontairement faites à soi-même — ici la poésie presque a suffi — d'ordinaire composent le sort qu'encourt l'enfant avec son ingénue audace marchant en l'existence selon sa divinité : soit, convint le beau mort, il faut ces offenses, mais ce sera jusqu'au bout, douloureusement et impudiquement.

Scandale, du côté de qui ? de tous, par un répercuté, accepté, cherché : sa bravoure, il ne se cacha pas du destin, en harcelant, plutôt par défi, les hésitations, devenant ainsi la terrible probité. Nous vîmes cela, messieurs, et en témoignons : cela, ou pieuse révolte, l'homme se montrant devant sa Mère quelle qu'elle soit et voilée, foule, inspiration, vie, le nu qu'elle a fait du poëte et cela consacre un cœur farouche, loyal, avec de la simplicité et tout imbu d'honneur.

Nous saluerons de cet hommage, Verlaine, dignement, votre dépouille.

ARTHUR RIMBAUD

Lettre à M. Harrison Rhodes

J'imagine qu'une de ces soirées de mardi,
rares, où vous me fîtes l'honneur, chez moi,
d'ouïr mes amis converser, le nom soudainement
d'Arthur Rimbaud se soit bercé à la fumée de
plusieurs cigarettes ; installant, pour votre curiosité, du vague.

Quel, le personnage, questionnez-vous : du
moins, avec des livres *Une Saison en Enfer*, *Illu-
minations* et ses *Poèmes* naguères publiés en l'ensemble, exerce-t-il sur les événements poétiques
récents une influence si particulière que, cette
allusion faite, par exemple, on se taise, énigma-
tiquement et réfléchisse, comme si beaucoup de
silence, à la fois, et de rêverie s'imposait ou
d'admiration inachevée.

Doutez, mon cher hôte, que les principaux no-

vateurs, maintenant, voire un, à l'exception,
peut-être, mystérieusement, du magnifique aîné,
qui leva l'archet, Verlaine, aient à quelque profondeur et par un trait direct, subi Arthur Rimbaud. Ni la liberté allouée au vers ou, mieux,
jaillie telle par miracle, ne se réclamera de qui
fut, à part le balbutiement de tous derniers
poèmes ou quand il cessa, un strict observateur
du jeu ancien. Estimez son plus magique effet
produit par opposition d'un monde antérieur au
Parnasse, même au Romantisme, ou très classique, avec le désordre somptueux d'une passion
on ne saurait dire rien que spirituellement exo-
tique. Éclat, lui, d'un météore, allumé sans
motif autre que sa présence, issu seul et s'éteignant. Tout, certes, aurait existé, depuis, sans
ce passant considérable, comme aucune circonstance littéraire vraiment n'y prépara : le cas
personnel demeure, avec force.

Mes souvenirs : plutôt ma pensée, souvent, à
ce Quelqu'un, voici ; comme peut faire une causerie, en votre faveur immédiate.

Je ne l'ai pas connu, mais je l'ai vu, une fois,
dans un des repas littéraires, en hâte, groupés à

l'issue de la Guerre — le *Diner des Vilains Bons-hommes*, certes, par antiphrase, en raison du por-trait, qu'au convive dédie Verlaine. « L'homme était grand, bien bâti, presque athlétique, un visage parfaitement ovale d'ange en exil, avec des cheveux châtain clair mal en ordre et des yeux d'un bleu pâle inquiétant. » Avec je ne sais quoi fièrement poussé, ou mauvaisement, de fille du peuple, j'ajoute, de son état blanchisseuse, à cause de vastes mains, par la transition du chaud au froid rougies d'engelures. Lesquelles eussent indiqué des métiers plus terribles, appartenant à un garçon. J'appris qu'elles avaient autographié de beaux vers, non publiés : la bouche, au pli boudeur et narquois n'en récita aucun.

Comme je descendais des Fleuves impassibles
Je ne me sentis plus guidé par les haleurs :
Des Peaux-rouges criards les avaient pris pour cibles
Les ayant cloués nus aux poteaux de couleurs.

et

Plus douce qu'aux enfants la chair des pommes sures,
L'eau verte pénétra ma coque de sapin
Et des taches de vins bleus et de vomissures
Me lava, dispersant gouvernail et grappin.

et

J'ai rêvé la nuit verte aux neiges éblouies,
Baisers montant aux yeux des mers avec lenteur,
La circulation des sèves inouies
Et l'éveil jaune et bleu des phosphores chanteurs.

et

Parfois martyr lassé des pôles et des zones
La mer dont le sanglot faisait mon roulis doux
Montait vers moi ses fleurs d'ombre aux ventouses jaunes
Et je restais ainsi qu'une femme à genoux.

et

J'ai vu des archipels sidéraux ! Et des îles
Dont les cieux délirants sont ouverts au vogueur :
Est-ce en ces nuits sans fond que tu dors et t'exiles
Million d'oiseaux d'or, ô future Vigueur ?

et tout! qu'il faudrait dérouler comme primitivement s'étire un éveil génial, en ce chef-d'œuvre,
car *Le Bateau Ivre* était fait à l'époque, déjà : tout
ce qui, à peu de là, parerait les mémoires et en
surgira tant qu'on dira des vers, se taisait parmi
le nouveau-venu ainsi que *Les Assis, Les Cher-
cheuses de Poux, Premières Communiantes*, du
même temps ou celui d'une puberté perverse et
superbe. Notre curiosité, entre familiers, sauvés
des maux publics, omit un peu cet éphèbe au
sujet de qui courait, cependant, que c'était, à
dix-sept ans son quatrième voyage, en 1872 effec-
tué, ici, comme les précédents, à pied : non,
un ayant eu lieu, de l'endroit natal, Charleville
dans les Ardennes, vers Paris, fastueusement
d'abord, avec la vente de tous les prix de la
classe, de rhétorique, par le collégien. Rappels,
or hésitation entre la famille, une mère d'origine
campagnarde, dont séparé le père, officier en

retraite, et des camarades les frères Cros, Forain
futur et toujours et irrésistiblement Verlaine : un
va-et-vient résultait ; au risque de coucher, en
partant, sur les bateaux à charbon du canal, en
revenant, de tomber dans un avant-poste de fé-
dérés ou combattants de la Commune. Le grand
gars, adroitement se fit passer pour un franc-
tireur du parti, en détresse et inspira le bon
mouvement d'une collecte à son bénéfice. Menus
faits, quelconques et, du reste, propres à un
ravagé violemment par la littérature le pire
désarroi, après les lentes heures studieuses aux
bancs, aux bibliothèques, cette fois maître d'une
expression certaine prématurée, intense, l'exci-
tant à des sujets inouïs, — en quête aussitôt de
« sensations neuves » insistait-il « pas connues »
et il se flattait de les rencontrer en le bazar d'illusion des cités, vulgaire : mais, qui livre au
démon adolescent, un soir, quelque vision grandiose et factice continuée, ensuite, par la seule
ivrognerie.

L'anecdote, à bon marché, ne manque pas, le
fil rompu d'une existence, en laissa choir dans
les journaux : à quoi bon faire, centième, miroi-
ter ces détails jusqu'à les enfiler en sauvages
verroteries et composer le collier du roi nègre,
que ce fut la plaisanterie, tard, de représenter,
dans quelque pendule inconnue le poète Vous

ambitionnerez de suivre, comme je les perçois et
pour y infuser le plus de belle probabilité les
grandes lignes d'un destin significatif ; lequel doit
garder dans ses écarts, d'apparence, le rythme,
étant d'un chanteur et quelque étrange simplicité.
Toutefois en remerciant de m'aider, par votre
question à évoquer pour moi-même, la première
fois dans l'ensemble, cette personnalité qui vous
séduit, mon cher ami, je veux comme exception
remémorer une historiette qu'avec des sourires
me contait délicieusement Théodore de Banville.
La bonté de ce Maître était secourable. On le vint
trouver. A l'intention d'un des nôtres ; et préci-
sait-on en quelque jargon, de permettre qu'il fît
du grand art. Banville opina que pour ce résultat,
d'abord, le talent devenant secondaire, une
chambre importe, où gîter, la loua dans les
combles de sa maison rue de Buci ; une table,
l'encre et les plumes comme accessoires, du papier, un lit blanc aussi pour les moments où l'on
ne rêve debout, ni sur la chaise. Le jeune homme
errant fut installé : mais quelle, la stupéfaction
du donateur méthodique, à l'heure où la cour
interne unit, par l'arome, les dîners, d'entendre
des cris poussés à chaque étage, et, aussitôt, de
considérer, nu, dans le cadre de mansarde là-
haut, quelqu'un agitant éperdument et lançant
par-dessus les tuiles du toit, peut-être pour qu'ils
disparussent avec les derniers rayons du soleil,
des lambeaux de vêtements : et comme il s'inquié-

tait, près du dieu, de cette tenue, enfin, mythologique, « C'est, » répondit Arthur Rimbaud à l'auteur des *Exilés*, qui dut convenir de la justesse
impliquée, certainement, par cette observation et
accuser sa propre imprévoyance « que je ne puis
fréquenter une chambre si propre, virginale, avec
mes vieux habits criblés de poux ». L'hôte ne se
jugea correct qu'après avoir adressé des effets à
lui de rechange et une invitation devant le repas
du soir, car « l'habillement, outre le logis, ne
suffit pas, si l'on veut produire des poèmes remar-
quables, il tarde également de manger ».

Le prestige de Paris usé : aussi, Verlaine entre
de naissantes contrariétés de ménage et quelque
appréhension de poursuites, comme fonctionnaire
humble de la Commune, certes, décidèrent Rimbaud à visiter Londres. Ce couple y mena une
orgiaque misère, humant la libre fumée de charbon, ivre de réciprocité. Une lettre de France
bientôt pardonnait, appelant l'un des transfuges,
pourvu qu'il abandonnât son compagnon. La
jeune épouse, au rendez-vous, attendait une
réconciliation, parmi mère et belle-mère. Je crois
au récit supérieurement tracé par M. Berrichon (*)
et indique selon lui une scène, poignante au
monde, attendu qu'elle compta pour héros, l'un
blessé comme l'autre délirant, deux poëtes dans

(*) *La Revue blanche*, Verlaine héroïque, 15 Février 1896.

leur farouche mal. Prié par les femmes ensemble.
Verlaine renonçait à l'ami; mais le vit, à la porte
de la chambre d'hôtel fortuitement, vola dans ses
bras le suivre, n'écouta l'objurgation par celui-ci,
refroidi, de n'en rien faire « jurant que leur liai-
son devait être à jamais rompue » — « même
sans le sou » quoique seulement à Bruxelles en
vue d'un subside pécunaire pour regagner le pays
« il partirait ». Le geste repoussait Verlaine qui
tira, égaré, d'un pistolet, sur l'indifférent et tomba
en larmes au devant. Il était dit que les choses
ne resteraient pas, j'allais énoncer, en famille.
Rimbaud revenait, pansé, de l'hospice et dans la
rue, obstiné à partir, reçut une nouvelle balle,
publique maintenant; que son si fidèle expia,
deux ans, dans la prison de Mons. Solitaire, après
cette circonstance tragique, on peut dire que rien
ne permet de le déchiffrer, en sa crise définitive,
certes, intéressante puisqu'il cesse toute littérature : camarade ni écrit. Des faits? il devait selon
un but quelconque, retourner en Angleterre,
avant 1875, qu'importe; puis gagna l'Allemagne,
avec des situations pédagogiques, et un don pour
les langues, qu'il collectionnait, ayant abjuré
toute exaltation dans la sienne propre; attei-
gnit l'Italie, en chemin de fer jusqu'au Saint-
Gothard, ensuite à pied, franchissant les Alpes :
séjourne quelques mois, pousse aux Cyclades et,
malade d'une insolation, se trouve rapatrié officiellement.

Pas sans que l'effleurât une avant-brise du Levant.

Voici la date mystérieuse, pourtant naturelle, si l'on convient que celui, qui rejette des rêves, par sa faute ou la leur, et s'opère, vivant, de la poésie, ultérieurement ne sait trouver que loin, très loin, un état nouveau. L'oubli comprend l'espace du désert ou de la mer. Ainsi les fuites tropicales moins, peut-être, quant au merveilleux et au décor : puisque c'est en soldat racolé, 1876, sur le marché hollandais, pour Sumatra, déserteur dès quelques semaines, rembarqué au coût de sa prime, par un vaisseau anglais, avant de se faire, audacieusement, marchand d'hommes, à son tour, y amassant un pécule perdu en Danenemark et en Suède, d'où rapatriement ; en Chef des Carrières de marbre dans l'île de Chypre, 1879, après une pointe vers l'Egypte, à Alexandrie et — on verra, le reste des jours, en « traitant ». L'adieu total à l'Europe, aux climat et usages insupportables, également est ce voyage au Harar, près de l'Abyssinie (théâtre hier, d'événements militaires) où, comme les sables, s'étend le silence relativement à tout acte de l'exilé. Il trafiqua, sur la côte et l'autre bord, à Aden — le rencontra-t-on toutefois à ce point extrême? féeriquement d'objets précieux encore, comme quelqu'un dont

les mains ont caressé jadis les pages — ivoire.
poudre d'or, ou encens. Sensible à la qualité rare
de sa pacotille, peut-être pas, comme entachée
d'orientalisme Mille et Une Nuits ou de couleur
locale : mais aux paysages bus avec soif de vas-
titude et d'indépendance ! et si, l'instinct des vers
renoncé, tout devient inférieur en s'en passant —
même vivre, du moins que ce soit virilement,
sauvagement, la civilisation ne survivant, chez
l'individu, à un signe suprême.

Une nouvelle inopinée, en 1891, circula par
les journaux : que celui, qui avait été et demeure,
pour nous un poëte, voyageur, débarqué à Mar-
seille, avec une fortune et opéré, arthritique,
venait d'y mourir. Sa bière prit le chemin de
Charleville, accueillie dans ce refuge, jadis, de
toutes agitations, par la piété d'une sœur.

Je sais à tout le moins la gratuité de se substituer, aisément, à une conscience : laquelle dut, à
l'occasion, parler haut, pour son compte, dans
les solitudes. Ordonner, en fragments intelligibles
et probables, pour la traduire, la vie d'autrui, est
tout juste, impertinent : il ne me reste que de
pousser à ses limites ce genre de méfait. Seulement je me renseigne. — Une fois, entre des mi-
grations, vers 1875, le compatriote de Rimbaud

et son camarade au collège, M. Delahaye, à une
réminiscence de qui ceci puise, discrètement l'in-
terrogea sur ses vieilles visées, en quelques mots,
que j'entends, comme — « eh! bien, la littérature? » l'autre fit la sourde oreille, enfin répli-
qua avec simplicité que « non, il n'en faisait
plus », sans accentuer le regret ni l'orgueil.
« Verlaine »? à propos duquel la causerie le
pressa : rien, sinon qu'il évitait, plutôt comme
déplaisante, la mémoire de procédés, à son avis,
excessifs.

L'imagination de plusieurs, dans la presse participant au sens, habituel chez la foule, des trésors à l'abandon ou fabuleux, s'enflamma de la
merveille que des poèmes restassent, inédits,
peut-être, composés là-bas. Leur largeur d'inspiration et l'accent vierge! on y songe comme à
quelque chose qui eût pu être; avec raison, parce
qu'il ne faut jamais négliger; en idée, aucune
des possibilités qui volent autour d'une figure,
elles appartiennent à l'original, même contre la
vraisemblance, y plaçant un fond légendaire
momentané, avant que cela se dissipe tout à fait.
J'estime, néanmoins, que prolonger l'espoir
d'une œuvre de maturité nuit, ici, à l'interprétation exacte d'une aventure unique dans l'histoire
de l'art. Celle d'un enfant trop précocement touché et impétueusement par l'aile littéraire qui,
avant le temps presque d'exister, épuisa d'ora-

geuses et magistrales fatalités, sans recours à du
futur.

Une supposition, autrement forte, comme intérêt, que d'un manuscrit démenti par le regard
perspicace sur cette destinée, hante, relative à
l'état du vagabond s'il avait, de retour, après le
laisser volontaire des splendeurs de la jeunesse,
appris leur épanouissement, parmi la génération
en fruits opulents non moins et plus en rapport
avec le goût jadis de gloire, que ceux là-bas aux
oasis : les aurait-il reniés ou cueillis? Le Sort,
avertissement à l'homme du rôle accompli, sans
doute afin qu'il ne vacille pas en trop de per-
plexité, trancha ce pied qui se posait sur le sol
natal étranger : ou, tout de suite et par surcroît,
la fin arrivant, établit, entre le patient et diverses
voix lesquelles, souvent, l'appelèrent notamment
une du grand Verlaine, le mutisme que sont un
mur ou le rideau d'hôpital. Interdiction que, pour
aspirer la surprise de sa renommée et sitôt l'é-
carter ou, à l'opposé, s'en défendre et jeter un
regard d'envie sur ce passé grandi pendant l'absence, lui se retournât à la signification, neuve,
proférée en la langue, des quelques syllabes ARTHUR
RIMBAUD : l'épreuve, alternative, gardait la même
dureté et mieux la valut-il, effectivement, omise.
Cependant, on doit, approfondissant d'hypothèse
pour y rendre la beauté éventuelle, cette carrière hautaine, après tout et sans compromission

— d'anarchiste, par l'esprit — présumer que l'intéressé en eût accueilli avec une fière incurie l'aboutissement à la célébrité comme concernant certes, quelqu'un qui avait été lui, mais ne l'était plus, d'aucune façon : à moins que le fantôme impersonnel ne poussât la désinvolture jusqu'à réclamer traversant Paris, pour les joindre à l'argent rapporté, simplement des droits d'auteur.

Avril 1896

LAURENT TAILHADE

Frontispice.

A ceux ici par un aigu crayon, le portrait, en phrases, joint de Laurent Tailhade, superfluité : parce que l'auteur, profil monacal et sarrasin de blessé sous des compresses, comme indique l'album, parfaitement pour l'instant se complaît. dans le blanc des pages, à leur silence.

Tant de bruit détonna...

Les journaux ont manqué le défigurer.

L'injure réduite au hasard du sinistre pot de fleur — aucun ne contiendrait ta majestueuse tige, imagination, voilà le sens proposable au brut fait divers — cet ami sortira marqué, obligeamment pour les gens à myopie qui ne l'aperçurent toujours tel. Coutures après combat, mais que nous, lui trouvâmes immémorialement et de ce que c'est, sachant bénir, quelque batailleur au

beau froncement; le Public, à qui importe une
réalité, les considérera dorénavant et peut y
mettre le doigt.

On a, outre ses vers, inventé des vulgarisateurs,
à subite lumière, pour — attirer l'attention — sur
l'écrivain; signataire de merveilles pareilles aux
Vitraux et à cet *Au Pays du Mufle*.

Son chef, hors de linges statuaires, se dégage
comme d'une consultation au destin méditative :
très sûr, aggravé, mûr, avec le vœu virilement de
penser.

— Pourvu que n'ait souffert le vitrage là-haut !
traduit un souci naguère assombrissant l'éveil
quand la vie questionne et se retrempe.

Rien, malgré l'accident politique intrus en la
pure verrière, je sais celle qui vous occupe.
Tailhade, n'y périclita : cuirassée de fragilité à
l'épreuve par le préalable bris plombant sa dia-
prure, dont pas un enflammé morceau d'avance
comme la passion le colore, gemme, manteau,
sourire, lys, ne manque à votre éblouissante
Rosace, attendu et par cela qu'elle-même d'abord
simule dans un suspens ou défi, l'éclat, unique,
en quoi par profession irradie l'indemne esprit du
Poète.

BECKFORD

Qui n'a regretté le manquement à une visée
sublime de l'écrit en prose le plus riche et le plus
agréable, travesti naguère comme par nous méta-
morphosé ? Voile mis, pour les mieux faire appa-
raître, sur des abstractions politiques ou morales
que les mousselines de l'Inde au xviiie siècle,
quand régna le CONTE ORIENTAL; et, maintenant,
selon la science, un tel genre suscite de la cendre
authentique de l'histoire les cités avec les hommes,
éternisé par le *Roman de la Momie* et *Salammbô*.
Sauf en la *Tentation de saint Antoine*, un idéal
mêlant époques et races dans une prodigieuse
fête, comme l'éclair de l'Orient expiré, cherchez!
sur des bouquins hors de mode aux feuillets des-
quels ne demeure de toute synthèse qu'effacement
et anachronisme, flotte la nuée de parfums qui
n'a pas tonné. La cause : mainte dissertation et
au bout je crains le hasard. Peut-être qu'un songe

serein et par notre fantaisie fait en vue d'elle —
seule, atteint aux poèmes : leur rythme le trans-
portera au delà des jardins, des royaumes, des
salles; là où l'aile de péris et de djinns fondue
en le climat ne laisse de tout évanouissement
voir que pureté éparse et diamant, comme les
étoiles à midi.

Un livre qui en plus d'un cas, son ironie d'abord
peu dissimulée, tient à l'ancien ton et, par le sentiment et le spectacle vrais au roman évocatoire
moderne, m'a quelquefois contenté : en tant que
bien la transition ou comme produit original. Le
manque de maint effort vers le type tout à l'heure
entrevu ne m'obsède pas à la lecture de ces cent
et quelques pages; dont plus d'une, outre la préoccupation double de parler avec esprit et surtout
à bon escient, révèle chez qui l'écrivit un besoin
de satisfaire l'imagination d'objets rares ou gran-
dioses.

Bien : ce Conte, tout autre que des *Mille et une
Nuits*, quand brilla-t-il, du fait de qui donc?

Sous la tutelle des lords Chatham et Littleton,
anxieux d'en faire un homme politique marquant,
étudiait, choyé par sa mère et banni d'auprès
d'elle pour l'achèvement d'une éducation somptueuse, le fils de feu le lord maire Beckford (de
qui la fière adresse à George III se lit sur un
monument érigé au Guildhall). Mais, aux voûtes
de la demeure provinciale avec le silence, un
génie, celui de la féerie et de l'Orient, élut cette
jeunesse : exilée d'entre les grimoires de la bibliothèque paternelle et hors d'un certain *Boudoir
Turc*, il la hantait en Suisse, au cours de droit et
de sciences, et à travers la Hollande, l'Allemagne,
l'Italie. Savoir les classiques, dépositaires des
annales civiles du monde passé, charmait l'adolescent comme un devoir, même des poëtes,
Homère, Virgile; mais les écrivains de Perse ou
Arabes, comme une récompense; et il domina
l'une et l'autre des langues orientales à l'égal du
latin ou du grec. Avis, prières, insinuations et
jusqu'au blâme, confiscation amicale des tomes
trop feuilletés, nul fait de la raison ne savait conjurer l'enchantement; or point d'autre emploi
immédiat chez William Beckford des premières
heures de majorité que, libre et le rêve à lui, de
jeter sur le papier, vers le commencement peut-
être de 1781, VATHEK. *Je l'ai écrit dans une seule
séance et en français*, raconta sur le tard le débutant,
et *cela m'a coûté trois jours et deux nuits de grand
travail — je ne quittai pas mes habits de tout le temps*

— *une si rude application me rendit fort souffrant.*
À quel point sur cette organisation s'établit l'empire d'une fatalité. Quelque plan du sujet par nous jugé d'un équilibre parfait, préexista-t-il : point, le croit l'auteur ; omettant ici l'adaptation ancienne à ses instincts tout de grandeur et de beauté déjà, du rêve latent. Les figures maîtresses ainsi que la mise en scène, embarras : non plus, car le regard de l'enfance avait du toit premier fait un refuge à mille visions arabes ; chaque hôte, pris au monde réel se parant aussi de la séduction ou de l'horreur exigées par le conte. *Vous trouveriez difficilement quelque chose de la sorte dans aucune description orientale* (va la citation) ; *ce fut l'œuvre de ma propre fantaisie. La vieille maison de Fonthill avait l'une des plus vastes salles du royaume, haute et d'écho sonore : et des portes nombreuses y donnaient accès de différentes parties du bâtiment, par d'obscurs, de longs et sinueux corridors. C'est de là que j'ai tiré ma salle imaginaire, ou d'Eblis, engendrée par celle de ma propre résidence. L'imagination la colora, la grandit et la revêtit d'un caractère oriental. Toutes les femmes dont il est fait mention dans Vathek furent le portrait de celles qui habitaient l'établissement familial du vieux Fonthill, leurs qualités, bonnes ou mauvaises, exag'rées pour remplir mon dessein.* Suite de confidences d'un âge mûr, quand se replonge la vue au cours des premiers ans transparents : mais trop brève et que closent des paroles significatives. *C'est de ma propre idée que je fis le tout.*

*J'avais à élever, à magnifier, à orientaliser chaque
chose. Je planai dans ma jeune fantaisie sur l'aile de
l'anc'en oiseau arabe Rock, parmi les génies et leur
charme, ne me mouvant plus chez les hommes.*

Selon quelle très mystérieuse influence, celle
sue qui du tout au tout transmuait un séjour, le
livre fut-il écrit en français : parenthèse que ne
comble aucun vestige dans les notes laissées ou
les propos retenus. Autant que la nécessité de
puiser aux quelques ouvrages d'*Herbelot*, de *Chardin* ou de *Salé* reconnue dans l'annotation finale
(à cet autre aussi point cité, *Abdallah* ou les *Aventures du fils d'Hanif, envoyé par le sultan des Indes
à la découverte de l'île de Borico*, etc., 1723), sources à peu près de tout l'appareil ancien oriental,
un usage sûr de notre langue, apprise tôt à Londres et pratiquée dans la société parisienne et
trois ans à Genève, explique les motifs ou le don
qu'eut l'écrivain de la choisir. Le fait général du
recours à un autre parler que le natal, pour se
délivrer, par un écrit, de l'obsession régnant sur
toute une jeunesse : renoncez à y voir mieux que
l'espèce de solennité avec quoi il fallut s'asseoir
à une tâche de caractère unique, elle, différente
de tout ce qui allait être la vie.

Avoir pour second mouvement de détourner
les yeux du manuscrit afin de régler, apport aussi

de l'âge légal, la disposition d'une fortune alors
considérable (au revenu de deux millions cinq
cent mille francs environ), rien que de strict. Le
cercle des voyages achevé, l'un aux côtés d'une
jeune et très belle épouse et d'autres seul pour en
promener partout la mort et les souvenirs, vint
l'instant du retour, mais sans la hantise d'autrefois. Cette imagination aux vastes desseins,
comme dépossédée de leur but spirituel rempli et
la même cependant, s'éprit d'abattre pierre à
pierre le vieux Fonthill House, réfléchi dans le
miroir d'un monotone bassin, pour édifier non
loin Fonthill Abbey, au milieu de jardins accla-
més les plus beaux de l'Angleterre. Résurrection
à grand prix faite et de tout site et de tout temps,
le seul rêve, invité à peupler le nouvel intérieur,
eut, pour matériaux, ceux de l'art universel représenté là par ses merveilles : le ciel considérait
d'immenses collections de fleurs. Point de faux
soucis ni de démarche vers des honneurs sociaux :
mais tendre uniquement autant que combler la
magnifique construction ou de soie ou de vases,
chaque meuble disposé d'après un goût jusqu'alors
inconnu, voilà ; et ce désir, cher à tout grand
esprit même retiré, de donner des fêtes, une, où
Nelson, venu sur les pas de la seconde lady Hamil-
ton, applaudit sa sirène dans un divertissement
tragique et sculptural. Le calme, bon à la méditation des produits purs de l'esprit, se fait : nul
livre appartenant à la grande génération, qui ne

passe par les mains du bibliophile, épris de nobles
marges pour y inscrire son jugement. Si discrète
que fût cette participation au moment, elle ne
s'accusa presque point davantage par la mise au
jour d'heureuses parodies du *cant* fashionable en
honneur : *The Elegant Enthusiast* et *Amezia, rhap-
sodical, descriptive and sentimental romances, inter-
mingled with pieces of poetry* (*) ; je les détache de
cette veine sarcastique et personnelle qui, au garçon de dix-sept ans, fournit une *History of Extra-
ordinary Painters*, mystification à l'usage des
visiteurs campagnards de la galerie paternelle ;
ou devait, dans un futur encore lointain, produire
un *Liber Veritatis* (ce titre presque changé en celui
de *Book of Folly*) pamphlet héraldique sur les pré-
tentions à une ancienne noblesse de force membres du parlement, resté manuscrit. Tous opus-
cules privés, mais de verve brillants et faits pour
se lire à haute voix dans un cercle de familiers, la
conversation venant à languir ; le cas est rare
dans le salon d'un causeur à la vivacité duquel
échappaient des saillies. Écoutez un mot au
hasard : *Les vérités importantes, sans en excepter
une, ont été le résultat d'efforts isolés — nulle n'a été
découverte par la masse des gens et on peut bien sup-
poser qu'aucune ne le sera jamais — toutes viennent
du savoir, joint à la réflexion d'esprits hautement*

(*) *L'Élégant Enthousiaste* et *Amezia, romans poétiques,
descriptifs et sentimentaux, mêlés de vers,* etc.

doués : les grands fleuves sortent de sources solitaires.
Que des déplacements féeriques de demeures
aient signifié, chez le rêveur survivant au *Conte
Arabe,* autant de jeux comme ceux où l'imagination se complait en des écroulements ou à des
édifices de nuages, on s'en convaincra : à défaut
d'objet immédiat persista aussi le grand don littéraire. Vendre l'abbaye elle-même dont à un
architecte médiocre et célèbre on a du doigt, après
des pérégrinations, indiqué le style ne fut (le jour
de quelque baisse dans le patrimoine) que la décision d'un instant; puis, dans de dernières con-
structions plus proches de la ville, Bath, à
Lansdown dominé encore par une tour seule
comme un phare, aller, jusqu'à la veille de la
mort, changer mille souvenirs anciens en d'étin-
celantes pages! L'*Italy and Sketches from Spain and
Portugal,* une *Excursion to the Monasteries of
Bathala and Alcobaça* (*) : retenez pareils titres cou-
chés sur le répertoire des beaux écrits d'une littérature. Le jeune héritier cosmopolite de dix-sept
cent et tant avait, grâce à un train princier et à
l'usage de recommandations quasi diplomatiques,
pénétré à temps l'arcane de la vieille Europe; mais
de quelle vision de dilettante apte à discerner
avant tous le pittoresque. Ce genre, le Voyage,
fut du coup porté au même degré de perfection

(*) *L'Italie et Esquisses d'Espagne, Excursion aux monastères de Bathala et d'Alcobaça,* 1834.

que chez plusieurs de nos poëtes par un style égal
au leur : le collectionneur se procurant les mots
brillants et vrais et les maniant avec même pro-
digalité et même tact que des objets précieux,
extraits de fouilles. Calepins rapportés et tard
vidés : ou que sur une feuille de papier proche du
testament, un passé ait à ce point surgi devant
une mémoire, la biographie n'ose préciser de
genèse à ces écrits; et son étonnement, dans un
cas comme dans l'autre, croîtrait. Toujours est-il
que pareille œuvre dont la date secrète hésite du
début à la fin d'une vie, suffit à l'honorer tout
entière comme ayant, même sans le tome princi-
pal qui relève du français, prêté âme à l'un des
écrivains de l'Angleterre. Le 2 mai 1844, ses yeux
d'entre les trésors de la pensée ou de la main-
d'œuvre humaine levés souvent sur de vastes
fenêtres et ayant vu près du quart d'un siècle et
une moitié de l'autre ramener au même paysage
leurs saisons, les ferme ce gentleman extraordinaire; abstraction faite du talent, figure égale à
celle de Brummel : quoique sur le dandy fascina-
teur de l'époque l'emporte peut-être l'amateur
Beckford, à cause de son faste solitaire. A vous,
lecteur, mais sans les mille fables et l'absurde, se
montre, rattachée presque toute ici à l'écrit imaginatif en jeu comme par l'instinct contemporain
elle le fut, l'existence de celui qu'on appela jusqu'au dernier jour l'*Auteur de Vathek*.

Exceptionnel, tout, l'homme en sa contrée et
quant à lui l'œuvre, éclate tel : mais l'emploi
d'abord du français.. Un exemplaire a-t-il été
envoyé avec dédicace à des sommités littéraires,
doutez-en au silence unanime dans les annales
du temps. L'adolescent, allant à Ferney avec son
précepteur, saluait dix ans plus tôt Voltaire,
mort au moment qu'avait à peine hors des salons
paternels brillé la future Madame de Staël,
plus tard visitée par l'homme mûr à Coppet. Cent
mémoires fouillés, voilà nos deux seuls littéra-
teurs que Beckford ait abordés ; et la société
française qui l'accueillait au passage se restreint
à des cercles de haute aristocratie. Très fièrement timide, peut-être attendait-il qu'on lui
parlât d'abord de son livre de jeunesse : rien ne
montre qu'il l'ait jamais employé près de nobles
hôtes en tant qu'objet distinctif ; ni comme un
appoint à ses lettres d'introduction, carte de
visite ou bien bouquet. Non que la personne du
maître de Fonthill fût inconnue même cinq ou
six ans plus tard, en plein changement politique :
comparse des premières scènes révolutionnaires,
nos estampes montrent un Anglais à cheval qui
partout assiste en curieux : lui. La chute de la
Bastille une fois et encore la mort du Roi précé-
dèrent de peu la rentrée à Londres ou dans ses
domaines de cet étranger populaire ; mais c'est
sans allusion sûre à la gloire littéraire dont
son insouciance privait le pays pour la porter

autre part, que la Commune se fit un devoir
d'inscrire à la suite du passeport cette mention :
Paris le voit s'en aller avec regret.

Avec une obstination pas fortuite, tandis que
nous négligions un des écrits les plus intéressants
qui aient été jadis composés en français, l'Angleterre du moins ne possédait pas assez d'éloges
pour la traduction que le hasard en fit. Produit
quelque temps avant la publication de l'original, ce travail (on ne l'ignore) résulta d'une
indiscrétion ; aussi d'un dol, car on le présenta
comme pris, non sur le texte prêté, mais de l'Arabe.
Qui : l'auteur l'ignora presque toujours ; et ce
n'est que la quatrième édition de son ouvrage en
plein succès qu'il a retouchée tard, jugeant avec
bonhomie le faux passable. L'impression faite sur
la génération contemporaine paraît grande et aussi
n'avoir pas contribué peu à aviver le réveil imaginatif d'alors. Mille paragraphes ou des *essais*
survivent, dispersés dans les revues anglaises :
écho du murmure approbateur qui a longtemps
accompagné dans le siècle la carrière du livre.
Citer, point, dans mon bref labeur ; où rien n'a
lieu que choisir un volume, puis demander : *Qu'y
a-t-il ?* sans vraiment le feuilleter. A Byron, sur le
point de révéler aussi un Orient, la réponse due si
généralement hante les mémoires, qu'il la faut,
seule, transcrire. *Pour l'exactitude et la correction
du costume, la beauté descriptive et la puissance*

d'imagination, ce conte, plus que tout oriental et sublime, laisse loin derrière soi toute imitation euro- péenne, et porte de telles marques d'originalité, que ceux là qui ont visité l'Orient éprouveront quelque difficulté à croire que c'est plus qu'une simple traduc- tion. Le grand génie partagea alors la commune croyance à quelque imitation anonyme de para- boles arabes, fond neutre et d'erreur sur quoi plus tard se détachera la figure de Beckford; intéres- sant à elle dans une apostrophe célèbre son héros même, il le fait s'écrier au premier chant du Childe Harold : *C'est là* (à Montferrat) *que toi aussi, Vathek, fils le plus fortuné d'Albion, naguères tu te fis un paradis, etc.. que tu habitas et dressas des plans de bonheur, sous le front toujours beau là-bas de cette montagne; mais maintenant comme quelque chose de maudit par l'homme, ta féerique demeure est aussi solitaire que toi.. les herbes géantes à peine livrent un passage étroit vers les salles désertes et la porte au large béante : nouvelles leçons au sein qui pense, que vaines sont les jouissances sur terre offertes : et mêlées au naufrage par l'inclémente marée du Temps*(*). Si fort dure l'étonnement causé par le

---

(*) *There thou too, Vathek, England's wealthiest son,*
Once form'd thy paradise. . . . .,

. . . .

.

Here didst thou dwell, here schemes of pleasure plan,
Beneath yon mountain' ever-beauteous brow :

prosateur au poëte, que voyageur l'un revoit
l'ombre de l'autre ; dans des lieux mêmes où rien
comme un palais légendaire bâti au cours d'une
promenade de quelques mois en Portugal n'a pu
s'élever. Cela suffit : je ne sais maintenant bibliothèque qui, dans un appareil de luxe et familier
aussi n'offre une des nombreuses éditions de
Vathek, ou liseur considérant ce récit autrement
que comme un des jeux les plus fiers de la nais-
sante imagination moderne.

Cas spécial, unique entre mainte réminiscence,
d'un ouvrage par l'Angleterre cru le sien et que la
France ignore : ici original, là traduction ; tandis
que (pour y tout confondre) l'auteur du fait de sa
naissance et d'admirables esquisses n'appartient
point aux lettres de chez nous, tout en leur deman-
dant, après coup, une place prépondérante et quasi
d'initiateur oublié ! Le devoir à cet égard, comme
la solution intellectuelle, hésite : inextricables.

> But now. as if a thing unblest by man,
> Thy fairy dwelling is as lone as thou !
> Here giant weeds a passage scarce allow
> To halls deserted, portals gaping wide :
> Fresh lessons to the thinking bosom : how
> Vain are the pleasaunces on earth supplied;
> Swept into wrecks anon by time's ungentle tide !

CANTO I (XXII et XXIII).

La Grande-Bretagne, attendant, tient l'œuvre
encore par là, un français fautif ou banal; car le
fait de la rédaction qui garda, traduite, une splendeur, n'emporte pas d'emblée l'excellence de l'original : suggérant même qu'issus dans leur idiome
et avec peine unis au jet d'un autre, les pensers
plus tard se sont, en retrouvant le moule naturel,
eux, parfaits. Trêve de discussion extérieure :
c'est, pièces en mains, qu'il faut parler. Oiseux ou
intéressants, personne, des accidents spéciaux ici
en jeu, n'exige dans le style une de ces coulées
presque éternelles : où abondent les matériaux
préparés par des générations quand, de siècle en
siècle, se refond le discours. Quoi : une phraséo-
logie correcte et par endroits égale au luxe de
tableaux ou à quelque grandeur de sentiments;
l'équilibre entre l'imagination et le *faire* inclinant
plutôt vers celle-là comme, chez beaucoup de
prosateurs classiques, il relève du côté de celui-ci,
bien. A peine si plusieurs anglicismes accusent
de loin en loin un très léger malaise; et d'autres
évoquent-ils quelque charme. Seule erreur avec
plus de fréquence consacrée qu'à la lecture de nos
maîtres les modèles, une confusion atteignant le
possesseur ou le *relatif*, dans les *pronoms* comme
son, sa, ses, et *il, elle, la, lui,* etc. Pardon! et (pour
clore) pareil tort dépend de certaines conditions
grammaticales de l'Anglais mal oubliées, ainsi
que d'une trop stricte obédience chez quelqu'un
du dehors à nos règles empiriques. Rien n'absout

l'impéritie apportée au maniement de telles atta-
ches de la phrase, où celle-ci se dissémine en
l'ombre et le vague; mais que de conquêtes sur
ces deux jumeaux néfastes, oui! dans l'étreinte
ferme et la mise en lumière de mots : il n'y manque pas une certaine préciosité même agréable
dans la certitude à choisir entre tous l'exclusif et
le bon. Maint passage, voilé ou intense, calme
et grand, doit son multiple caractère à la vigilance
toujours au guet de l'écrivain : que détacher qui
ne soit vain lambeau? Applicable à de la subtilité flottant entre les lignes, le traitement par moi
suivi en premier(*) n'est point d'usage ici avec leur
teneur même; et, comprendre au vol des extraits,
on a plus tôt fait de lire le volume. Voltaire imité
(celui de belle eau, mais c'est mal d'être à ce prix
parfait), une prose, qui plus souvent annonce
Chateaubriand, peut honorer aussi cet autre nom,
Beckford. Tout coule de source, avec une limpidité vive, avec un ondoiement large de périodes ;
et l'éclat tend à se fondre dans la pureté totale du
cours, qui charrie maintes richesses de diction
inaperçues d'abord : cas naturel avec un étranger
inquiet que quelque expression trop audacieuse ne
le trahisse en arrêtant le regard.

(*) Page 61.

TENNYSON VU D'ICI

Maintenant que tout est dit, pour des jours et
que demeure le silencieux Westminster, voic
une piété à ressaisir partout voire à l'étranger.
avant leur dispersion, la tourbillonnante et volante jonchée de regrets, le jugement ou l'émotion ; autour du vide, que marque Tennyson.
L'incompétence, de même. compte ; et la grande
presse ou quotidienne ici manifeste un peu la
sienne, autrement que par une louable pudeur :
elle voulut sembler au fait. trop vite et. que n'ex-
pliqua-t-elle, à l'instant. surprise! Je voue ma
gratitude à un journal qui, dès l'événement fatal.
adressa, chez moi, comme il eût pu le faire auprès
de tout autre poëte informé de plusieurs particu-
larités anglaises, quelqu'un : afin de ne parler du
superbe défunt que sciemment à peu près. Une
note du moins conforme à la grandeur en cause.
la sienne retentit juste et à quoi bon rappeler désor-

mais d'immédiates appréciations singulières : où,
relativement au coloris instauré par le décorateur
en ses *Idylles du Roi* sans doute, on évoquait la
chromo-lithographie, alors que c'est de fresque
délicate qu'il eût fallu se souvenir, et on cita Ca-
banel, quant à la galerie peut-être des fascinants
portraits féminins dans les premiers poèmes,
lorsque l'occasion s'offrit de taire le nom de ce
seul peintre. Notez une prudence en ces assimila-
tions transportées d'un art à l'autre, vu que la
nécessité de savoir s'imposait pour comparer
directement le chanteur et écrivain anglais à un
des nôtres.. Qui? Toute comparaison est, préalablement, défectueuse ; et aussi impossible, dès
qu'on rapproche des esprits, la disparate fulgure
et eux échappent ou se volatilisent jusque dans
leurs traits évidents. Toutefois, prêt à satisfaire
le défaut public qui est de percevoir à la faveur
d'équations aisées, ou dont un terme est d'avance
su, je vais, peut-être et le temps que tout de suite
se dissolve ce propos fugitif, énoncer, au sujet de
Tennyson, les noms d'un Leconte de Lisle tem-
péré par un Alfred de Vigny et celui aussi quelquefois de Coppée : soit, mais que c'est faux!

Une nation a droit d'ignorer les poëtes de
l'autre, du fait qu'elle néglige les siens. Ce titre
de lauréat, mal compris, en outre, suggérerait
un exclusif fabricant pour orphéons, presque un
confrère versifiant, et inférieur, à l'échotier.

L'opinion de confrères ici serait l'unique
à consulter ; mais, c'est un fait, ces reclus dans
leur sens ou fidèles aux sonorités de la langue
dont ils glorifient l'instinct, secrètement répu-
gnent comme à en admettre une autre : ils restent sous cet aspect et plus loin que personne,
patriotes. Nécessaire infirmité peut-être qui renforce, chez eux, l'illusion qu'un objet proféré de la
seule façon qu'à leur su il se nomme, lui-même jaillit, natif ; mais, n'est-ce pas ? quelle étrange chose.
Une traduction, pour me démentir, a paru, en vers,
comme un apport funéraire exquis, la semaine
passée, de fragments de *Vivian*, par l'aigu Jean
Lorrain : or le cas reste à part ; lui, souvent, me
sembla, en ses poésies, où revinrent, avant nulle
part, Mélusine et des princesses fées, diamanté
d'influence tennysonienne mais spontanément.

Le public lisant, à qui limiter l'enquête, se re-
mémore une monumentale page de Taine, *Histoire
de la Littérature anglaise*, sur l'Alfred Tennyson de
la maturité ; mais ne recourt guère aux sources. On
enseigne, dans chaque collège, *Enoch Arden*, avec
notes grammaticales au bas. La mode contemporaine de Gustave Doré, il y a vingt ans, coucha,
aux tables de salon, la reliure d'in-folios luxueux
close sur une version de plusieurs entre les *Idylles*.

Mes préférences vont à *Maud*, romantique,
moderne, et songes et passion, encore que ce

poème hors page parmi ceux du maître n'en
montre la caractéristique ainsi que fait ce récité
toujours ou murmuré *Locksley Hall* ou tels enchantements que *The Lotos Eaters; OEnone:* les
feuillets enfin comme autant de tombes, la même
partout sise, où s'avance un pas d'elle hanté. *In
Memoriam*, cimetière pour un mort seul. Véritablement des juvéniles *Poems, Chiefly Lyrical* jusqu'à *Demeter*, que de pièces de perfection diverse,
et chacune type, se détachent pour notre rêverie !

Cela, que j'ai ci-dessus rassemblé, ne présenterait d'intérêt que selon une curiosité banale et
proche si on ne pouvait, un peu, de sentiments
vagues, au dehors, relatifs à un auteur, induire
ceux qu'établira le temps. L'éloignement, de telle
façon, joue les siècles. Un recul à quelques
heures de wagon ou de mer, commence l'immortalité. Là, surtout, en pays indifférent, le cas
analysé en un passage que je cite (*) : « En effet,
la littérature proprement dite n'existant pas plus
que l'espace pur — ce que l'on se rappelle d'un
grand poëte, c'est l'impression dite de sublimité
qu'il vous a laissée, par et à travers son œuvre,
plutôt que l'œuvre elle-même, et cette impression,
sous le voile des langages humains, pénètre les traductions les plus vulgaires. Lorsque ce phénomène

(*) VILLIERS DE L'ISLE-ADAM, *Contes Cruels :* « La Machine
à Gloire ».

est formellement constaté à propos d'une œuvre, le résultat de la constatation s'appelle La Gloire! »

Le nom du poëte mystérieusement se refait avec le texte entier qui, de l'union des mots entre eux, arrive à n'en former qu'un, celui-là, significatif, résumé de toute l'âme, la communiquant au passant ; il vole des pages grandes ouvertes du livre désormais vain : car, enfin, il faut bien que le génie ait lieu en dépit de tout et que le connaisse chacun, malgré les empêchements, et sans avoir lu, au besoin. Or ce chaste agencement de syllabes, *Tennyson*, avec solennité, dit, cette fois : *Lord Tennyson* — je sais que déjà il somme et éveille, à travers le malentendu même d'idiome à idiome ou des lacunes ou l'inintelligence, et de plus en plus le fera — la pensée d'une hautaine tendre figure, volontaire mais surtout retirée et avare aussi de tout dû, par noblesse, en une manière seigneuriale apportée dans l'esprit ; ingénue, taciturne : et presque j'ajouterai que le décès serein y installe quelque chose d'isolé ou complète, pour la foule, le retrait fier de la physionomie.

Aucun de ces termes.. on hésite à se servir d'un qui ne traîne avoisinant la reproduction illustrée des récentes couronnes et d'obsèques ; et, mieux que par tel panache en désignant d'un trait ou deux précis et larges l'évanouissement subi

par cette aile lyrique, se haussera au degré
convenable une esquisse.

S'il y a lieu que je parle personnellement,
après tant de constatations ou ce reportage dignifié
par le sujet, j'émets un avis. Tout ce que la
culture littéraire portée à l'état supérieur, ou d'art,
avec originalité, goût, certitude, en même temps
qu'un primordial don poétique délicieux, peut, en
s'amalgamant très bellement, produire chez un
élu, Tennyson le posséda, du coup et sans jamais
s'en départir à travers l'inquiète variété : cela
n'est pas commun; ou qu'exige-t-on d'autre,
sauf des insolites dieux, au raccourci péremptoire,
s'abattant, quelques-uns, dans les âges? Avoir
doté la voix d'intonations point ouïes jusqu'à soi
(faute de Tennyson, une musique qui lui est
propre manquerait à l'Anglais, certes, comme
je le chante) et fait rendre à l'instrument national tels accords neufs mais reconnus innés,
constitue le poëte, dans l'extension de sa tâche
ou de son prestige. L'homme, qui a résumé
tant d'exception, vient de mourir, et je pense
qu'un considérable deuil flotte à la colonnade
suave du temple de Poésie, édifice à l'écart. Que
son ombre y soit reçue avec les termes mêmes
de l'hyperbole affectueuse qu'au temps de jeunesse, à lui illustre mais encore futur, dédia l'enthousiasme de Poe : « l'âme poétique la plus
noble, qui jamais vécut. »

THÉODORE DE BANVILLE

La riante immortalité d'un poëte résoud les
questions, en dissipe le vague, avec un rayon.
Ainsi, par ce midi, l'autre dimanche, automnal,
quand plusieurs ou tous qui honorons son culte.
le vers, et aimons la mémoire du Maître, inaugu-
râmes le monument, dans un jardin, à Théodore
de Banville. L'authentique tombe garde les restes
et présente une dure pierre aux genoux de veuve
endolorie ou de proche! Je me figure — et devance
la décision bientôt prise relativement à une résurrection, fraternelle, par le marbre ou le bronze
attribués à Baudelaire — que convient. pour la
quotidienne apothéose, un cimetière désintéressé,
profane, glorieux, comme ce Luxembourg : ouvert
au ciel particulier qui demeure sur les citadines
futaies, les vases décoratifs, les fleurs ; et cher au
passant. Détail, le triomphateur en était, voici à
peine dix-huit mois, l'hôte, presque chaque

jour. Son traditionnel et neuf esprit, là, intro-
duisit, auparavant, une moderne évocation
mythologique :

> Un soir de juin, bercés par les flots attendris.
> Les iris pâlissants croissaient au bord de l'onde ;
> Et dans le Luxembourg, ce paradis du monde.
> Les marbres de l'Attique, amoureux de Paris,
> Voyaient l'air et les cieux et la terre fleuris.
>
> (*Malédiction de Cypris*)

Toujours. aussi près du Panthéon se prend-on
à regretter qu'Hugo (eux, les savants, les politiques, plus ou moins, s'accommodent de la vide
coupole sous quoi la Mort continue une séance de
parlement et d'institut) habite un froid de crypte ;
quand avait lieu de renaître pareillement parmi
des ramiers, ou l'espace.

Affection à part, si, parlant poèmes, se peut
omettre le souvenir de l'auguste tête fine que
le buste instauré éveille pour le promeneur et
ami, je vouai à Théodore de Banville un culte.
L'exceptionnelle clarté où je l'admire, trait
unique et comme absolu, s'aidera de la brièveté
de ma causerie. Non que n'importe de signaler
des dons excessifs. divers ; mais je les confonds
en tant qu'éléments d'un miracle. Même afin de
prouver que je vois comme tout le monde. moins
bien certes, j'exhume, sans pitié à mon égard. une

des premières pages qu'écolier je traçai dans la solitude, à la louange du dieu dont je choisirais,
pour le célébrer aujourd'hui, de dire mieux la
même chose ; ou ne la calquant sur le tour et
une manière à lui propres et n'empruntant sa
voix. « Si l'esprit n'est gratifié d'une ascension
mystique : las de regarder l'ennui dans le métal
cruel d'un miroir, et cependant aux heures où
l'âme rythmique aspire à l'antique délire du
chant, mon objet est Théodore de Banville qui
n'est pas quelqu'un, mais le son même de la lyre.
Avec lui, je sens la poésie m'enivrer, que tous
les temps ont appelée ainsi et bois à la fontaine de lyrisme. Fermé le livre, les yeux avec de
grandes larmes de tendresse et un nouvel orgueil.
Ce que d'enthousiasme et de bonté musicale
et de pareil aux rois chante et j'aime ! j'aime naître, j'aime les lumineux sanglots des femmes aux
longs cheveux, et je voudrais tout confondre dans
un poétique baiser. Nul mieux ne représente maintenant le Poëte, l'invincible, classique Poëte soumis à la déesse et vivant parmi le charme oublié des héros et des roses. Sa parole, sans fin,
l'ambroisie, que seul tarit le cri ivre de toute
gloire.. Les vents qui parlent d'effarement et de
la nuit, les abîmes pittoresques de la région, il ne
les veut entendre ni ne doit les voir : il marche à
travers l'enchantement édenéen, désignant à
jamais la noblesse des rayons et l'éclatante blancheur du lys enfant —la terre heureuse ! Ainsi dut

être qui le premier reçut des dieux la voix et dit
l'ode éblouie avant notre aïeul Orphée. Institue, ô
mon songe, la cérémonie d'un triomphe à évoquer
aux heures de splendeur et de féerie, et l'appelle la
Fête du Poëte : l'élu est cet homme au nom prédes-
tiné, harmonieux comme un poème et charmant
comme un décor. Dans l'empyrée, il siège sur un
trône d'ivoire, ceint de la pourpre que lui a le
droit de porter, le front ombragé des géantes
feuilles du laurier de la Turbie. J'ouïs des stro-
phes; la Muse, vêtue du sourire qui sort d'un
jeune torse, lui verse l'inspiration — cependant
qu'à ses pieds meurt une nue reconnaissante. La
grande lyre s'extasie dans ses mains. »

Le pauvre trumeau, suranné; et pardon.

Je recueille quelque fierté, reflet concédé par
le prince de lettres à l'admirateur vrai, qu'un sentiment, après un quart de siècle, se reconnaisse,
pareil mais affiné dans un sens très aigu, que
je vais m'appliquer à définir, peut-être, subtilement.

La Poésie, ou ce que les siècles commandent
tel, tient au sol, avec foi, à la poudre que tout demeure; ainsi que de hautes fondations, dont l'ombre sérieuse augmente le soubassement, le confond
et l'attache. Ce cri de pierre s'unifie vers le ciel
en les piliers interrompus, des arceaux ayant un

jet d'audace dans la prière; mais enfin, quelque
immobilité. J'attends que, chauve-souris éblouissante et comme l'éventement de la gravité, soudain, du site par une pointe d'aile autochtone, le
fol. adamantin, colère, tourbillonnant génie
heurte la ruine; s'en délivre, dans la voltige qu'il
est, seul.

Théodore de Banville parfois devient ce sylphe
suprème.

Celui, quand tout va s'éteindre ou choir, le
dernier; ou l'initial, dont la sagesse patienta,
près une source innée, que des tonnerres grandiloquents, brutaux fragments par trop étrangers
à ce qui n'est pas le petit fait de chanter, abat-
tissent leur colosse : pour, oui! paraître, comme
le couronnement railleur sans quoi tout serait
vain.

Si je recours, en vue d'un éclaircissement ou
de généraliser, aux fonctions de l'Orchestre, devant lequel resta candidement, savamment fermé
notre musicien de mots, observez que les instruments détachent, selon un sortilège aisé à surprendre, la cime, pour ainsi voir, de naturels
paysages; les évapore et les renoue, flottants,
dans un état supérieur. Voici qu'à exprimer la
forêt, fondue en le vert horizon crépusculaire,
suffit tel accord dénué presque d'une réminis-

cence de chasse; ou le pré, avec sa pastorale fluidité d'une après-midi écoulée, se mire et fuit dans des rappels de ruisseau. Une ligne, quelque vibration, sommaires et tout s'indique. Contrairement à l'art lyrique comme il fut, élocutoire, en raison du besoin, strict, de signification. — Quoiqu'y confine une suprématie, ou déchirement de voile et lucidité, le Verbe reste, de sujets, de moyens, plus massivement lié à la nature.

La divine transposition, pour l'accomplissement de quoi existe l'homme, *va du fait à l'idéal*. Or, grâce à de scintillantes qualités, épanouies aux deux siècles français aristocratiques dont Banville résuma la tradition en ce mot : *l'esprit* (car il a été le seul spirituel que ce fut donné d'entendre — dites, ses amis! — et l'a été lyriquement et comme la foudre), nous eûmes cette impression d'extrême, de rare et de superlatif.. La sienne, une poésie, je dirai au degré au delà, mais, point de seconde main ou artificielle. Je sais, il se devinait à ce point, l'héritier, choyé et impropre au méchef, que de tirer, par un témoignage très tendre ou de respect, qui en illuminait la beauté énorme, à même Hugo, sa fusée de clair rire. Jeux secondaires, caractéristiques. Qui, des modernes, à côté ou comparable; selon un temps ne voulant aucunement en finir avec notre art éternel et vieux comme la vie, mais le dégager, en toute pureté, ainsi qu'une vocalise à mille éclats?

11

Je nomme Heine, sa lecture préférée, si autre !
et un, que les lettrés d'ici revendiquent autant,
Poe, en de certains airs cristallins, brefs et jeunes.
Ai-je dit cela ? précisément, il le fallait ; pour
marquer que ce n'est pas, par l'étincellement de
la gaîté (encore qu'il inventa du coup, avec les
Odes funambulesques, le comique versifié ou issu
de la prosodie, rimes et coupes), ni par l'ironie,
dardée souveraine ; bien d'après la nécessité d'un
rôle vierge et jusque maintenant inconnu, que
l'auteur des *Cariatides* et des *Exilés*, du *Sang
de la Coupe*, des *Odelettes*, des *Améthystes*, de
*Nous Tous, Sonnailles et Clochettes, Dans la Four-
naise*, enfin d'un théâtre prestigieux, pour ne rien
dire de tant de prose égalée par sa seule conversation, représente, à travers les somptuosités,
les ingénuités et les piétés, l'être de joie et de
pierreries, qui brille, domine, effleure.

EDGAR POE

Edgar Poe personnellement m'apparaît depuis
Whistler. Je savais, défi au marbre, ce front, des
yeux à une profondeur d'astre nié en seule la
distance, une bouche que chaque serpent tordit
excepté le rire ; sacrés comme un portrait devant
un volume d'œuvres, mais le démon en pied !
sa tragique coquetterie noire, inquiète et discrète : la personne analogue du peintre, à qui le
rencontre, dans ce temps, chez nous, jusque par
la préciosité de sa taille dit un même état de raréfaction américain, vers la beauté. Villiers de
l'Isle-Adam, quelques soirs, en redingote, jeune
ou suprême, évoqua du geste l'Ombre tout silence. Cependant et pour l'avouer, toujours, malgré ma confrontation de daguerréotypes et de
gravures, une piété unique telle enjoint de me
représenter le pur entre les Esprits, plutôt et de
préférence à quelqu'un, comme un aérolithe ;

stellaire, de foudre, projeté des desseins finis
humains, très loin de nous contemporainement à
qui il éclata en pierreries d'une couronne pour
personne, dans maint siècle d'ici. Il est cette
exception, en effet, et le cas littéraire absolu.

WHISTLER

Si, extérieurement. il est, interroge-t-on mal,
l'homme de sa peinture — au contraire, d'abord,
en ce sens qu'une œuvre comme la sienne innée.
éternelle, rend, de la beauté, le secret ; joue au
miracle et nie le signataire. Un Monsieur rare.
prince en quelque chose, artiste décidément.
désigne que c'est lui, Whistler, d'ensemble
comme il peint toute la personne — stature, petite
à qui la veut voir ainsi, hautaine, égalant la
tête tourmentée, savante, jolie ; et rentre dans
l'obsession de ses toiles. Le temps de provoquer !
l'enchanteur d'une œuvre de mystère close
comme la perfection, où notre cohue passerait
même sans hostilité, a compris le devoir de sa
présence — interrompre cela par quelque furie
de bravoure jusqu'à défier le silence entier
admiratif. Cette discrétion affinée en douceur.
aux loisirs, composant le maintien, pour peu,

sans rien perdre de grâce, éclate en le vital
sarcasme qu'aggrave l'habit noir ici au miroitement de linge comme siffle le rire et présente, à
des contemporains devant l'exception d'art souveraine, ce que juste, de l'auteur, eux doivent
connaître, le ténébreux d'autant qu'apparu gardien d'un génie. auprès comme Dragon, guer-
royant, exultant. précieux, mondain.

ÉDOUARD MANET

Qu'un destin tragique, omise la Mort filoutant,
complice de tous, à l'homme la gloire, dur,
hostile marquât quelqu'un enjouement et grâce,
me trouble — pas la huée contre qui a, dorénavant,
rajeuni la grande tradition picturale selon son
instinct, ni la gratitude posthume : mais, parmi
le déboire, une ingénuité virile de chèvre-pied
au pardessus mastic, barbe et blond cheveu rare,
grisonnant avec esprit. Bref, railleur à Tortoni,
élégant; en l'atelier, la furie qui le ruait sur la
toile vide, confusément, comme si jamais il
n'avait peint — un don précoce à jadis inquiéter
ici résumé avec la trouvaille et l'acquit subit :
enseignement au témoin quotidien inoublieux,
moi, qu'on se joue tout entier, de nouveau,
chaque fois, n'étant autre que tous sans rester
différent, à volonté. Souvenir, il disait, alors, si
bien : « L'œil, une main.. » que je ressonge.

Cet œil — Manet — d'une enfance de lignée vieille citadine, neuf, sur un objet, les personnes posé, vierge et abstrait, gardait naguères l'immédiate fraîcheur de la rencontre, aux griffes d'un rire du regard, à narguer, dans la pose, ensuite, les fatigues de vingtième séance. Sa main — la pression sentie claire et prête énonçait dans quel mystère la limpidité de la vue y descendait, pour ordonner, vivace, lavé, profond, aigu ou hanté de certain noir, le chef-d'œuvre nouveau et français.

BERTHE MORISOT

Tant de clairs tableaux irisés, ici, exacts, primesautiers, eux peuvent attendre avec le sourire
futur, consentiront que comme titre au livret qui
les classe, un Nom, avant de se résoudre en leur
qualité, pour lui-même prononcé ou le charme
extraordinaire avec lequel il fut porté, évoque
une figure de race, dans la vie et de personnelle
élégance extrêmes. Paris la connut peu, si sienne,
par lignée et invention dans la grâce, sauf à des
rencontres comme celle-ci, fastes, les expositions
ordinairement de Monet et Renoir, quelque part
où serait un Degas, devant Puvis de Chavannes
ou Whistler, plusieurs les hôtes du haut salon,
le soir; en la matinée, atelier très discret, dont
les lambris Empire encastrèrent des toiles
d'Edouard Manet. Quand, à son tour, la dame y
peignait-elle, avec furie et nonchalance, des ans,
gardant la monotonie et dégageant à profusion

une fraîcheur d'idée, il faut dire — toujours —
hormis ces réceptions en l'intimité où, le matériel de
travail relégué, l'art même était loin quoique immédiat dans une causerie égale au décor, ennobli du
groupe : car un Salon, surtout, impose, avec
quelques habitués, par l'absence d'autres, la
pièce. alors, explique son élévation et confère,
de plafonds altiers, la supériorité à la gardienne,
là. de l'espace si, comme c'était, énigmatique de
paraître cordiale et railleuse ou accueillant selon
le regard scrutateur levé de l'attente, distinguée,
sur quelque meuble bas, la ferveur. Prudence
aux quelques-uns d'apporter une bonhomie, sans
éclat. un peu en comparses sachant parmi ce
séjour, raréfié dans l'amitié et le beau, quelque
chose. d'étrange. planer. qu'ils sont venus pour
indiquer de leur petit nombre, la luxueuse, sans
même y penser. exclusion de tout le dehors.

Cette particularité d'une grande artiste qui,
non plus, comme maîtresse de maison. ne posséda rien de banal, causait. aux présentations,
presque la gêne. Pourquoi je cède, pour attarder
une réminiscence parfaite. bonne, défunte,
comme sitôt nous la résumions précieusement au
sortir. dans les avenues du Bois ou des Champs-
Elysées, tout à coup à me mémorer ma satisfaction. tel minuit. de lire en un compagnon de pas,

la même timidité que, chez moi, longtemps,
envers l'amicale méduse, avant le parti gai de
tout brusquer par un dévouement. « Auprès de
Madame Manet » concluait le paradoxal confident,
un affiné causeur entre les grands jeunes poëtes et
d'aisé maintien, « je me fais l'effet d'un rustre
et une brute ». Pareil mot, que n'ouït pas l'inté-
ressée, ne se redira plus. Comme toute remarque
très subtile appartient aux feuillets de la fréquentation, les entr'ouvrir, à moitié, livre ce qui se
doit, d'un visage, au temps : relativement à l'exception, magnifique, dans la sincérité du retirement qui élut une femme du monde à part soi ;
puis se précise un fait de la société, il semble,
maintenant.

Les quelques dissidentes du sexe qui présentent
l'esthétique autrement que par leur individu, au
reste, encourent un défaut, je ne désigne pas de
traiter avec sommaire envahissement le culte
que, peut-être, confisquons-nous au nom d'études
et de la rêverie, passons une concurrence de
prêtresses avisées ; mais, quand l'art s'en mêle,
au contraire, de dédaigner notre pudeur qui allie
visée et dons chez chacun et, tout droit, de bondir
au sublime, éloigné, certes, gravement, au rude,

au fort : elles nous donnent une leçon de virilité
et, aussi, déchargeraient les institutions officielles
ou d'Etat, en soignant la notion de vastes ma-
quettes éternelles, dont le goût, de se garer, à
moins d'illumination spéciale. — Une juvénilité
constante absout l'emphase. — Que la pratique
plairait, efficace, si visant, pour les transporter
vers plus de rareté, encore et d'essence, les délicatesses, que nous nous contraignons d'avoir
presque féminines. A ce jeu s'adonna, selon le
tact d'une arrière petite-nièce, en descendance,
de Fragonard, Mme Berthe Morisot, naguère
apparentée à l'homme, de ce temps, qui rafraîchit
la tradition française — par mariage avec un
frère, M. Eugène Manet, esprit très perspicace et
correct. Toujours, délicieusement, aux manifes-
tations pourchassées de l'Impressionisme (*) — la
source, en peinture, vive — un panneau, revoyons-
le, en 1874, 1876, 1877, 1883, limpide, frisson-
nant empaumait à des carnations, à des vergers,
à des ciels, à toute la légèreté du métier avec
une pointe de xviiie siècle exaltée de présent,
la critique, attendrie pour quelque chose de
moins péremptoire que l'entourage et d'élyséen-
nement savoureux : erreur, une acuité interdisant
ce bouquet, déconcertait la bienveillance. Attendu,

(*) Mary Cassatt, outre les plus haut cités, ainsi que
Cézanne, Pissarro, Rouart, Sisley, Caillebote, Guillaumin ;
avant la consécration.

il importe, que la fascination dont on aimerait profiter, superficiellement et à travers de la présomption, ne s'opère qu'à des conditions intègres et même pour le passant hostiles ; comme regret. Toute maîtrise jette le froid : ou la poudre fragile du coloris se défend par une vitre, divination pour certains.

Telle, de bravoure, une existence allait continuer, insoucieuse, après victoire et dans l'hommage (*); quand la prévision faillit, durant l'hiver, de 1895, aux frimas tardifs, voici les douze mois revenus : la ville apprit que cette absente, en des magies, se retirait plus avant soit suprêmement, au gré d'un malaise de la saison. Pas, dans une sobriété de prendre congé sans insistance ou la cinquantaine avivant une expression, bientôt, souvenir : on savait la personne de prompt caprice, pour conjurer l'ennui, singulière, apte dans les résolutions : mais elle n'eût pas accueilli celle-là de mourir, plutôt que conserver le cercle fidèle, à cause, passionnément, d'une ardente flamme maternelle, où se mit, en entier, la créatrice — elle subit, certes, l'apitoiement ou la

(*) Ensemble exposé chez Boussod et Valadon, juin 95; acquisition d'une œuvre pour le Musée du Luxembourg.

torture, malgré la force d'âme, envisageant
l'heure inquiète d'abandonner, hors un motif
pour l'une et l'autre de séparation, près le che-
valet, une très jeune fille, de deux sangs illustre,
à ses propres espoirs joignant la belle fatalité de
sa mère et des Manet. Consignons l'étonnement
des journaux à relater d'eux-mêmes, comme un
détail notoire pour les lecteurs, le vide, dans
l'art, inscrit par une disparue auparavant réser-
vée : en raison, soudain, de l'affirmation, dont
quiconque donne avis, à l'instant salua cette
renommée tacite.

Si j'ai inopportunément, prélude aux triomphe
et délice, hélas ! anniversaires, obscurci par le
deuil, des traits invités à reformer la plus noble
physionomie, je témoigne d'un tort, accuse la
défaillance convenable aux tristesses : l'impartiale visiteuse, aujourd'hui, de ses travaux, ne
le veut ni, elle-même, entre tous ces portraits,
intercepter du haut d'une chevelure blanchie par
l'abstraite épuration en le beau plus qu'âgée,
avec quelque longueur de voile, un jugement,
foyer serein de vision ou n'ayant pas besoin,
dans la circonstance, du recul de la mort : sans
ajouter que ce serait, pour l'artiste, en effet,
verser dans tel milieu en joie, en fête et en fleur.

la seule ombre qui, par elle, y fût jamais peinte
et que son pinceau récusait.

Ici, que s'évanouissent, dispersant une caresse
radieuse, idyllique, fine, poudroyante, diaprée,
comme en ma mémoire, les tableaux, reste leur
armature, maint superbe dessin, pas de moindre
instruction, pour attester une science dans la
volontaire griffe, couleurs à part, sur un sujet
— ensemble trois cents ouvrages environ, et
études qu'au public d'apprécier avec le sens,
vierge, puisé à ce lustre nacré et argenté : faut-
il, la hantise de suggestions, aspirant à se traduire en l'occasion, la taire, dans la minute,
suspens de perpétuité chatoyante ? Silence, excepté
que paraît un spectacle d'enchantement moderne.
Loin ou dès la croisée qui prépare à l'extérieur
et maintient, dans une attente verte d'Hespérides
aux simples oranges et parmi la brique rose
d'Eldorados, tout à coup l'irruption à quelque
carafe, éblouissamment du jour, tandis que multicolore il se propage en perses et en tapis
réjouis, le génie, distillateur de la Crise, où cesse
l'étincelle des chimères au mobilier, est, d'abord,

d'un peintre. Poétiser, par art plastique. moyen
de prestiges directs, semble, sans intervention,
le fait de l'ambiance éveillant aux surfaces leur
lumineux secret : ou la riche analyse. chastement
pour la restaurer, de la vie, selon une alchimie.
— mobilité et illusion. Nul éclairage. intrus, de
rêves; mais supprimés, par contre, les aspects
commun ou professionnel. Soit, que l'humanité
exulte, en tant que les chairs de préférence chez
l'enfant, fruit, jusqu'au bouton de la nubilité. là
tendrement finit cette célébration de nu. notre
contemporaine aborde sa semblable comme il ne
faut l'omettre, la créature de gala, agencée en
vue d'usages étrangers, galbeuse ou fignolée
relevant du calligraphe à moins que le genre
n'induise, littérairement, le romancier : à miracle,
elle la restitue, par quelle clairvoyance, le satin
se vivifiant à un contact de peau, l'orient des
perles, à l'atmosphère : ou, dévêt, en négligé
idéal, la mondanité fermée au style. pour que
jaillisse l'intention de la toilette dans un rapport
avec les jardins et la plage, une serre, la galerie.
Le tour classique renoué et ces fluidité. nitidité.

Féerie, oui. quotidienne — sans distance. par
l'inspiration. plus que le plein air enflant un

glissement, le matin ou après midi, de cygnes à
nous; ni au delà que ne s'acclimate, des ailes
détournée et de tous paradis, l'enthousiaste
innéité de la jeunesse dans une profondeur de
journée.

Rappeler, indépendamment des sortilèges, la
magicienne, tout à l'heure obéit à un souhait,
de concordance, qu'elle-même choya, d'être
aperçue par autrui comme elle se pressentit :
on peut dire que jamais elle ne manqua d'admiration ni de solitude. Plus, pourquoi — il faut
regarder les murs — au sujet de celle dont
l'éloge courant veut que son talent dénote la
femme — encore, aussi, qu'un maître : son
œuvre, achevé, selon l'estimation des quelques
grands originaux qui la comptèrent comme camarade dans la lutte, vaut, à côté d'aucun, produit
par un d'eux et se lie, exquisement, à l'histoire
de la peinture, pendant une époque du siècle.

RICHARD WAGNER

RÊVERIE D'UN POËTE FRANÇAIS

RICHARD WAGNER

Rêverie d'un poële français.

Un poëte français contemporain, exclu de toute
participation aux déploiements de beauté officiels,
en raison de divers motifs, aime, ce qu'il garde
de sa tâche pratiqué ou l'affinement mystérieux
du vers pour de solitaires Fêtes, à réfléchir aux
pompes souveraines de la Poésie, comme elles ne
sauraient exister concurremment au flux de
banalité charrié par les arts dans le faux semblant de civilisation. — Cérémonies d'un jour
qui gît au sein, inconscient, de la foule : presque
un Culte !

La certitude de n'être impliqué, lui ni personne
de ce temps, dans aucune entreprise pareille,
l'affranchit de toute restriction apportée à son
rêve par le sentiment d'une impéritie et par
l'écart des faits.

Sa vue d'une droiture introublée se jette au loin.

A son aise et c'est le moins, qu'il accepte pour exploit de considérer, seul, dans l'orgueilleux repli des conséquences, le Monstre-Qui ne peut Etre ! Attachant au flanc la blessure d'un regard affirmatif et pur.

Omission faite de coups d'œil sur le faste extraordinaire mais inachevé aujourd'hui de la figuration plastique, d'où s'isole, du moins, en sa perfection de rendu, la Danse seule capable, par son écriture sommaire, de traduire le fugace et le soudain jusqu'à l'Idée — pareille vision comprend tout, absolument tout le Spectacle futur — cet amateur, s'il envisage l'apport de la Musique au Théâtre faite pour en mobiliser la merveille, ne songe pas longtemps à part soi.. déjà. de quels bonds que parte sa pensée. elle ressent la colossale approche d'une Initiation. Ton souhait, plutôt, vois s'il n'est pas rendu.

Singulier défi qu'aux poëtes dont il usurpe le devoir avec la plus candide et splendide bravoure, inflige Richard Wagner !

Le sentiment se complique envers cet étranger. transports, vénération, aussi d'un malaise que tout soit fait, autrement qu'en irradiant, par un jeu direct, du principe littéraire même.

Doutes et nécessité, pour un jugement, de discerner les circonstances que rencontra, au début, l'effort du Maître. Il surgit au temps d'un théâtre, le seul qu'on peut appeler caduc, tant la Fiction en est fabriquée d'un élément grossier : puisqu'elle s'impose à même et tout d'un coup, commandant de croire à l'existence du personnage et de l'aventure — de croire, simplement, rien de plus. Comme si cette foi exigée du spectateur ne devait pas être précisément la résultante par lui tirée du concours de tous les arts suscitant le miracle, autrement inerte et nul, de la scène ! Vous avez à subir un sortilège, pour l'accomplissement de quoi ce n'est trop d'aucun moyen d'enchantement impliqué par la magie musicale, afin de violenter votre raison aux prises avec un simulacre, et d'emblée on proclame : « Supposez que cela a eu lieu véritablement et que vous y êtes ! »

Le Moderne dédaigne d'imaginer ; mais expert à se servir des arts, il attend que chaque l'entraine jusqu'où éclate une puissance spéciale d'illusion, puis consent.

Il le fallait bien, que le Théâtre d'avant la
Musique partît d'un concept autoritaire et naïf,
quand ne disposaient pas de cette ressource nouvelle d'évocation ses chefs-d'œuvre, hélas! gisant
aux feuillets pieux du livre, sans l'espoir, pour
aucun, d'en jaillir à nos solennités. Son jeu reste
inhérent au passé ou tel que le répudierait, à cause
de cet intellectuel despotisme, une représentation
populaire : la foule y voulant, selon la suggestion
des arts, être maîtresse de sa créance. Une
simple adjonction orchestrale change du tout au
tout, annulant son principe même, l'ancien
théâtre, et c'est comme strictement allégorique,
que l'acte scénique maintenant, vide et abstrait
en soi, impersonnel, a besoin, pour s'ébranler
avec vraisemblance, de l'emploi du vivifiant
effluve qu'épand la Musique.

Sa présence, rien de plus! à la Musique, est
un triomphe, pour peu qu'elle ne s'applique
point, même comme leur élargissement sublime,
à d'antiques conditions, mais éclate la génératrice
de toute vitalité : un auditoire éprouvera cette
impression que, si l'orchestre cessait de déverser
son influence, le mime resterait, aussitôt, statue.

Pouvait-il, le Musicien et proche confident du
secret de son Art, en simplifier l'attribution jus-

qu'à cette visée initiale ? Métamorphose pareille
requiert le désintéressement du critique n'ayant
pas derrière soi, prêt à se ruer d'impatience et
de joie, l'abîme d'exécution musicale ici le plus
tumultueux qu'homme ait contenu de son limpide
vouloir.

Lui, fit ceci.

Allant au plus pressé, il concilia toute une
tradition, intacte, dans la désuétude prochaine,
avec ce que de vierge et d'occulte il devinait
sourdre, en ses partitions. Hors une perspicacité
ou suicide stérile, si vivace abonda l'étrange don
d'assimilation en ce créateur quand même, que
des deux éléments de beauté qui s'excluent et,
tout au moins, l'un l'autre, s'ignorent, le drame
personnel et la musique idéale, il effectua l'hymen.
Oui, à l'aide d'un harmonieux compromis, suscitant une phase exacte de théâtre, laquelle répond,
comme par surprise, à la disposition de sa race !

Quoique philosophiquemment elle ne fasse là
encore que se juxtaposer, la Musique (je somme
qu'on insinue d'où elle poind, son sens premier
et sa fatalité) pénètre et enveloppe le Drame de
par l'éblouissante volonté et s'y allie : pas
d'ingénuité ou de profondeur qu'avec un éveil
enthousiaste elle ne prodigue dans ce dessein, sauf
que son principe même, à la Musique, échappe.

Le tact est prodige qui, sans totalement en transformer aucune, opère, sur la scène et dans la symphonie, la fusion de ces formes de plaisir disparates.

Maintenant, en effet, une musique qui n'a de cet art que l'observance des lois très complexes, seulement d'abord le flottant et l'infus, confond les couleurs et les lignes du personnage avec les timbres et les thèmes en une ambiance plus riche de Rêverie que tout air d'ici-bas, déité costumée aux invisibles plis d'un tissu d'accords : on va l'enlever de sa vague de Passion, au déchaînement trop vaste vers un seul, le précipiter, le tordre : et le soustraire à sa notion, perdue devant cet afflux surhumain, pour la lui faire ressaisir quand il domptera tout par le chant, jailli dans un déchirement de la pensée inspiratrice. Toujours le héros, qui foule une brume autant que notre sol, se montrera dans un lointain que comble la vapeur des plaintes, des gloires, et de la joie émises par l'instrumentation, reculé ainsi à des commencements. Il n'agit qu'entouré, à la Grecque, de la stupeur mêlée d'intimité qu'éprouve une assistance devant des mythes qui n'ont presque jamais été, tant leur instinctif passé se fond ! sans cesser cependant d'y bénéficier des familiers dehors de l'individu humain. Même certains satisfont à l'esprit par ce fait de ne sembler pas dépourvus de tout

Voici à la rampe intronisée la Légende.

Avec une piété antérieure, un public, pour la seconde fois depuis les temps, hellénique d'abord, maintenant germain, considère le secret, représenté, d'origines. Quelque singulier bonheur, neuf et barbare, l'asseoit : devant le voile mouvant la subtilité de l'orchestration, à une magnificence qui décore sa genèse.

Tout se retrempe au ruisseau primitif : pas jusqu'à la source.

Si l'esprit français, strictement imaginatif et abstrait, donc poétique, jette un éclat, ce ne sera pas ainsi : il répugne, en cela d'accord avec l'Art dans son intégrité, qui est inventeur, à la Légende. Voyez-le, des jours abolis ne garder aucune anecdote énorme et fruste, comme une prescience de ce qu'elle apporterait d'anachronisme dans une représentation théâtrale, Sacre d'un des actes de la Civilisation (*). A moins que la Fable, vierge de tout, lieu, temps et per-

(*) Exposition, Transmission de Pouvoirs, etc. : t'y vois-je, Brünnhild ou qu'y ferais-tu, Siegfried !

sonne sus, ne se dévoile empruntée au sens
latent en le concours de tous, celle inscrite
sur la page des Cieux et dont l'Histoire même
n'est que l'interprétation, vaine, c'est-à-dire un
Poème, l'Ode. Quoi ! le siècle ou notre pays, qui
l'exalte, ont dissous par la pensée les Mythes,
pour en refaire ! Le Théâtre les appelle, non !
pas de fixes, ni de séculaires et de notoires,
mais un, dégagé de personnalité, car il compose
notre aspect multiple : que, de prestiges corres-
pondant au fonctionnement national, évoque
l'Art, pour le mirer en nous. Type sans déno-
mination préalable, pour qu'émane la surprise :
son geste résume vers soi nos rêves de sites
ou de paradis, qu'engouffre l'antique scène avec
une prétention vide à les contenir ou à les
peindre. Lui, quelqu'un ! ni cette scène, quelque part (l'erreur connexe, décor stable et
acteur réel, du Théâtre manquant de la Musique) :
est-ce qu'un fait spirituel, l'épanouissement de
symboles ou leur préparation, nécessite endroit,
pour s'y développer, autre que le fictif foyer de
vision dardé par le regard d'une foule ! Saint des
Saints, mais mental.. alors y aboutissent, dans
quelque éclair suprême, d'où s'éveille la Figure
que Nul n'est, chaque attitude mimique prise par
elle à un rythme inclus dans la symphonie, et le
délivrant ! Alors viennent expirer comme aux
pieds de l'incarnation, pas sans qu'un lien certain
les apparente ainsi à son humanité, ces raréfac-

tions et ces sommités naturelles que la Musique
rend, arrière prolongement vibratoire de tout
comme la Vie.

L'Homme, puis son authentique séjour terrestre, échangent une réciprocité de preuves.

Ainsi le Mystère.

La Cité, qui donna, pour l'expérience sacrée un
théâtre, imprime à la terre le sceau universel.

Quant à son peuple, c'est bien le moins qu'il
ait témoigné du fait auguste, j'atteste la Justice
qui ne peut que régner là! puisque cette orchestration, de qui, tout à l'heure, sortit l'évidence
du dieu, ne synthétise jamais autre chose que les
délicatesses et les magnificences, immortelles,
innées, qui sont à l'insu de tous dans le concours
d'une muette assistance.

Voilà pourquoi, Génie! moi, l'humble qu'une
logique éternelle asservit, ô Wagner, je souffre
et me reproche, aux minutes marquées par la
lassitude, de ne pas faire nombre avec ceux qui,
ennuyés de tout afin de trouver le salut définitif,

13.

vont droit à l'édifice de ton Art. pour eux le
terme du chemin. Il ouvre, cet incontestable
portique, en des temps de jubilé qui ne le sont
pour aucun peuple, une hospitalité contre l'insuf-
fisance de soi et la médiocrité des patries : il
exalte des fervents jusqu'à la certitude : pour eux
ce n'est pas l'étape la plus grande jamais ordonnée
par un signe humain, qu'ils parcourent avec
toi comme conducteur, mais le voyage fini de
l'humanité vers un Idéal. Au moins, voulant ma
part du délice, me permettras-tu de goûter, dans
ton Temple, à mi-côte de la montagne sainte,
dont le lever de vérités, le plus compréhensif
encore, trompette la coupole et invite, à perte de
vue du parvis, les gazons que le pas de tes élus
foule, un repos : c'est comme l'isolement, pour
l'esprit, de notre incohérence qui le pourchasse,
autant qu'un abri contre la trop lucide hantise
de cette cime menaçante d'absolu, devinée dans le
départ des nuées là-haut, fulgurante, nue, seule :
au delà et que personne ne semble devoir atteindre. Personne! ce mot n'obsède pas d'un remords
le passant en train de boire à ta conviviale fontaine.

CRAYONNÉ AU THÉATRE

CRAYONNE AU THEATRE

Le désespoir en dernier lieu de mon Idée, qui s'accoude à quelque balcon lavé à la colle ou de carton-pâte, regards perdus, traits à l'avance fatigués du néant, c'est que, pas du tout! après peu de mots au tréteau par elle dédaigné si ne le bat sa seule voltige, immanquablement la voici qui chuchotte dans un ton de sourde angoisse et me tendant le renoncement au vol, agité longtemps de son caprice. « Mais c'est très bien, c'est parfait — à quoi semblez-vous prétendre encore, mon ami? » puis d'une main vide de l'éventail : « Allons-nous-en (signifie-t-elle) cependant — on ne s'ennuierait même pas et je craindrais de ne pouvoir rêver autre chose. — L'auteur ou son pareil, ce qu'ils voulaient faire, ils l'ont fait et je défierais qui que ce soit de l'exécuter mieux ou différemment. »

Que souhaitaient-ils donc accomplir, ô mon âme? répliqué-je une fois et toujours interloqué puis éludant la responsabilité d'avoir conduit ici une si exquise dame anormale : car ce n'est pas elle, sûr! s'il y faut voir une âme ou bien notre idée (à savoir la divinité présente à l'esprit de l'homme) qui despotiquement proposa : « Viens ».

Mais un habituel manque inconsidéré chez moi de prévoyance.

— « La chose qu'ils voulaient faire ? » ne prit-elle pas le soin de prolonger vis-à-vis d'une feinte curiosité « je ne sais pas, ou si.. » réprimant, la pire torture ne pouvoir que trouver très bien et pas même abominer ce au-devant de quoi l'on vint et se fourvoya! un bâillement, qui est la suprème, presque ingénue et la plus solitaire protestation ou dont le lustre aux mille cris suspend comme un écho l'horreur radieuse et visible.

— « .. Peut-être ceci. »

Elle expliqua et approuva en effet la tentative de gens qui avec un talent indiscuté et même de la bravoure si leur inanité était consciente, remplissent mais des éléments de médiocre puisés dans leur spéciale notion du public, le trou magnifique ou l'attente qui, comme une faim, se creuse chaque soir, au moment où brille l'hori-

zou, dans l'humanité — ouverture de gueule de
la Chimère méconnue et frustrée à grand soin
par l'arrangement social.

Autre chose paraît inexact et en effet que dire?
Il en est de la mentale situation comme des
méandres d'un drame et son inextricabilité veut
qu'en l'absence là de ce dont il n'y a pas lieu
de parler, où la Vision même, quiconque s'aventure dans un théâtre contemporain et réel soit
puni du châtiment de toutes les compromissions:
si c'est un homme de goût, par son incapacité à
n'applaudir. Je crois, du reste, pour peu qu'intéresse de rechercher des motifs à la placidité d'un
tel personnage, ou Nous, Moi, que le tort initial
demeura se rendre au spectacle avec son Ame
with Psyche, my soul (*) : qu'est-ce! si tout s'augmente selon le banal malentendu d'employer,
comme par besoin sa pure faculté de jugement
à l'évaluation de choses entrées déjà consémen
dans l'art ou de seconde main, bref à des œuvres...

La Critique, en son intégrité, n'e t, n'a de
valeur ou n'égale presque la Poésie à qui apporter une noble opération complémentaire, que
vi ant, directement et superbement, aussi les
phénomènes ou l'univers : mais, en dépit de cela,

(*) *Ulalume* (strophe II) EDGAR POE.

soit de sa qualité de primordial instinct placé
au secret de nos replis (un malaise divin),
cède-t-elle à l'attirance du théâtre qui montre
seulement une représentation, pour ceux n'ayant
point à voir les choses à même! de la pièce
écrite au folio du ciel et mimée avec le geste de
ses passions par l'Homme.

A côté de lasses errreurs qui se débattent,
voyez! déjà l'époque apprête telle transformation plausible; ainsi ce qu'on appela autrefois la
critique dramatique ou le feuilleton, qui n'est
plus à faire, abandonne très correctement la place
au reportage des premiers soirs, télégramma-
tique ou sans éloquence autre que n'en comporte
la fonction de parler au nom d'une unanimité de
muets. Ajoutez l'indiscrétion, ici les coulisses,
riens de gaze ou de peau attrapés entre les châssis en canevas à la hâte mis pour la répétition
(délice la primeur ne fût-ce que de redites) :
ce qu'au théâtre consacrera la presse de fait-
divers. Le paradoxe chez l'écrivain supérieur
longtemps fut, avec des fugues et points d'orgue
imaginatifs, se le rappelle-t-on, d'occuper le
genre littéraire créateur de quoi la prose relève,
la Critique, à marquer les fluctuations d'un article
d'esprit ou de mode.

Aussi quand le soir n'affiche rien, incontes-

tablement, qui vaille d'aller de pas allègre se
jeter en les mâchoires du monstre et par ce jeu
perdre tout droit à le narguer, soi le seul ridicule ! n'y a-t-il pas occasion même de proférer
quelques mots de coin du feu ; vu que si le vieux
secret d'ardeurs et splendeurs qui s'y tord, sous
notre fixité, évoque, par la forme éclairée de
l'âtre, l'obsession d'un théâtre encore réduit et
minuscule au lointain, c'est ici gala intime.

Méditatif :

Il est (tisonne-t-on), un art, l'unique ou pur
qu'énoncer signifie produire : il hurle ses démons-
trations par la pratique. L'instant qu'en éclatera
le miracle, ajouter que ce fut cela et pas autre
chose, même l'infirmera : tant il n'admet de lumineuse évidence sinon d'exister.

J'aurais aimé, avec l'injonction de circonstances, mieux qu'oisivement, ici noter quelques
traits fondamentaux.

Le ballet ne donne que peu : c'est le genre
imaginatif. Quand s'isole pour le regard un signe
de l'éparse beauté générale, fleur, onde, nuée et
bijou, etc., si, chez nous, le moyen exclusif de
le savoir consiste à en juxtaposer l'aspect à notre
nudité spirituelle afin qu'elle le sente analogue

et se l'adapte dans quelque confusion exquise
d'elle avec cette forme envolée — rien qu'au travers du rite, là, énoncé de l'Idée, est-ce que ne
paraît pas la danseuse à demi l'élément en cause,
à demi humanité apte à s'y confondre, dans la
flottaison de rêverie? L'opération, ou poésie,
par excellence et le théâtre. Immédiatement le
ballet résulte allégorique : il enlacera autant
qu'animera, pour en marquer chaque rythme,
toutes corrélations ou Musique, d'abord latentes,
entre ses attitudes et maint caractère, tellement
que la représentation figurative des accessoires
terrestres par la Danse contient une expérience
relative à leur degré esthétique, un sacre s'y
effectue en tant que la preuve de nos trésors.
A déduire le point philosophique auquel est
située l'impersonnalité de la danseuse, entre sa
féminine apparence et un objet mimé, pour quel
hymen : elle le pique d'une sûre pointe, le pose;
puis déroule notre conviction en le chiffre de
pirouettes prolongé vers un autre motif, attendu
que tout, dans l'évolution par où elle illustre le
sens de nos extases et triomphes entonnés à l'orchestre, est, comme le veut l'art même, au
théâtre, *fictif ou momentané*.

Seul principe! et ainsi que resplendit le lustre
c'est-à-dire, lui-même, l'exhibition prompte, sous
toutes les facettes, de quoi que ce soit et notre
vue adamantine, une œuvre dramatique montre la

succession des extériorités de l'acte sans qu'aucun moment garde de réalité et qu'il se passe, en fin de compte, rien.

Le vieux Mélodrame occupant la scène, conjointement à la Danse et sous la régie aussi du poète, satisfait à cette loi. Apitoyé, le perpétuel suspens d'une larme qui ne peut jamais toute se former ni choir (encore le lustre) scintille en mille regards, or, un ambigu sourire dénoue la lèvre par la perception de moqueries aux chanterelles ou dans la flûte refusant la complicité à quelque douleur emphatique de la partition et y perçant des fissures d'espoir et de jour : avertissement même si malicieusement il cesse et je consens d'attendre ou de suivre, au long du labyrinthe de l'angoisse que mène l'art — vraiment non pour m'accabler comme si ce n'était assez de mon sort, spectateur assistant à une fête ; mais me replonger, de quelque part, dans le peuple, que je sois, au saint de la Passion de l'Homme ici libéré selon quelque source mélodique naïve. Pareil emploi de la Musique la tient prépondérante comme magicienne attendu qu'elle emmêle et rompt ou conduit un fil divinatoire, bref dispose de l'intérêt : il éclairerait les compositeurs prodigues au hasard et sans le sens exact de leur sonorité. Nulle inspiration ne perdra à connaître l'humble et profonde loi qui règle en vertu d'un instinct populaire les rapports de l'orchestre et des planches dans ce genre génial français. Les axiomes s'y lisent, inscrits par personne ; un avant tous les autres ! que chaque situation insoluble, comme elle le resterait, en supposant que le drame fût autre chose que semblant ou piège à notre ir-réflexion, refoule, dissimule, et toujours con-tient le rire sacré qui le dénouera. La funèbre draperie de leur imagination, aux Bouchardy, ne s'obscurcit jamais d'ignorance — que l'énigme derrière ce rideau n'existe sinon grâce à une hypothèse tournante peu à peu résolue ici et là par notre lucidité : plus, que le sursaut du gaz ou de l'électricité, la gradue l'accompagnement ins-trumental, dispensateur du Mystère.

L'occasion de rien dire ne surgit et je n'allègue, pour la vacuité de cette étude ou de toutes, plaintes discrètes ! l'année nulle : mais plutôt le défaut préalable de coup d'œil apporté à l'entre-prise de sa besogne par le littérateur oublieux qu'entre lui et l'époque dure une incompatibilité. « Allez-vous au théâtre ? — Non, presque jamais » : à mon interrogation cette réponse, par qui-conque, de race, singulier se suffit, femme ou homme du monde, avec la tenture de ses songes

à même l'existence. « Au reste, moi non plus ! »
aurais-je pu intervenir si la plupart du temps
mon désintéressement ici ne le criait à travers les
lignes jusqu'au blanc final.

Alors pourquoi..

Pourquoi ! autrement qu'à l'instigation du pas
réductible démon de la Perversité que je résume ainsi « faire ce qu'il ne faut, sans avantage
à tirer, que la gêne vis-à-vis de produits (à
quoi l'on est, par nature, étranger) en feignant
y porter un jugement : alors qu'un joint quant
à l'appréciation échappe ou que s'oppose une
pudeur à l'exposition, sous un jour faux, de suprêmes et intempestifs principes ». Risquer, dans
des efforts vers une gratuite médiocrité, de ne
jamais qu'y faillir, rien n'obligeant, du reste, à
cette contradiction sauf le charme peut-être
inconnu, en littérature, d'éteindre strictement une
à une toute vue qui éclaterait avec pureté ; ainsi
que de raturer jusqu'à de certains mots dont la
seule hantise continue chez moi la survivance
d'un cœur — en conséquence vilenie de les
servir mal à propos. Le sot bavarde sans rien
dire, et errer de même à l'exclusion d'un goût
notoire pour la prolixité et précisément afin de
ne pas exprimer quelque chose, représente un
cas spécial, qui aura été le mien : je m'exhibe en
l'exception de ce ridicule. Cela ne convient pas

14.

même de dénoncer par un verbiage le fonctionnement du redoutable Fléau omnipotent.. l'ère
a déchaîné, légitimement vu qu'en la foule ou
amplification majestueuse de chacun gît abscons
le rêve! chez une multitude la conscience de sa
judicature ou de l'intelligence suprême, sans
préparer de circonstances neuves ni le milieu
mental identifiant la scène et la salle. Toujours
est-il qu'avant la célébration des poèmes étouffés
dans l'œuf de quelque future coupole manquant
(si une date s'accommodera de l'état actuel ou
ne doit poindre, doute) il a fallu formidablement.
pour l'infatuation contemporaine, ériger, entre
le gouffre de vaine faim et les générations, un
simulacre approprié au besoin immédiat, ou l'art
officiel qu'on peut aussi appeler vulgaire: indiscutable, prêt à contenir par le voile basaltique
du banal la poussée de cohue jubilant si peu
qu'elle aperçoive une imagerie brute de sa divinité. Machine crue provisoire pour l'affermisse-
ment de quoi! institution plutôt vacante et du-
rable me convainquant par son opportunité —
l'appel a été fait à tous les cultes artificiels et
poncifs: elle fonctionne en tant que les salons
annuels de Peinture et de Sculpture, quand
chôme l'engrenage théâtral. Faussant, à la fois,
comme au rebut chez le créateur, le jet délicat et
vierge et une jumelle clairvoyance directe du
simple; qui, peut-être, avaient à s'accorder
encore. Héroïques. soit! artistes de ce jour. plutôt

que peindre une solitude de cloître à la torche de votre immortalité ou sacrifier devant l'idole de vous-mêmes, mettez la main à ce monument, indicateur énorme non moins que les blocs d'abstention laissés par quelques âges qui ne purent que charger le sol d'un vestige négatif considérable.

HAMLET

Loin de tout, la Nature, en automne, prépare son Théâtre, sublime et pur, attendant pour éclairer, dans la solitude, de significatifs prestiges, que l'unique œil lucide qui en puisse pénétrer le sens (notoire, le destin de l'homme), un Poëte, soit rappelé à des plaisirs et à des soucis médiocres.

Me voici, oubliant l'amertume feuille-morte, de retour et prêt à noter, en vue de moi-même et de quelques-uns aussi, nos impressions issues de banals Soirs que le plus seul des isolés ne peut, comme il vêt l'habit séant à tous, omettre de considérer : pour l'entretien d'un malaise et, connaissant, en raison de certaines lois non satisfaites, que ce n'est plus ou pas encore l'heure extraordinaire.

. . . .
Et cependant, enfant sacré de gloire,
Tu sens courir par la nuit dérisoire,
Sur ton front pâle aussi blanc que du lait.
Le vent qui fait voler ta plume noire
Et te caresse, Hamlet, ô jeune Hamlet!

(THÉODORE DE BANVILLE.)

L'adolescent évanoui de nous aux commencements de la vie et qui hantera les esprits hauts
ou pensifs par le deuil qu'il se plaît à porter, je
le reconnais, qui se débat sous le mal d'appa-
raître : parce qu'Hamlet extériorise, sur des planches, ce personnage unique d'une tragédie intime
et occulte, son nom même affiché exerce sur
moi, sur toi qui le lis, une fascination, parente de
l'angoisse. Je sais gré aux hasards qui, contem-
plateur dérangé de la vision imaginative du théâtre de nuées et de la vérité pour en revenir à
quelque scène humaine, me présentent, comme
thème initial de causerie, la pièce que je crois
celle par excellence; tandis qu'il y avait lieu
d'offusquer aisément des regards trop vite désha-
bitués de l'horizon pourpre, violet, rose et toujours
or. Le commerce de cieux où je m'identifiai cesse,
sans qu'une incarnation brutale contemporaine
occupe, sur leur paravent de gloire, ma place tôt
renoncée (adieu les splendeurs d'un holocauste
d'année élargi à tous les temps pour que ne s'en
juxtapose à personne le sacre vain); mais avance
le seigneur latent qui ne peut devenir, juvénile ombre

de tous, ainsi tenant du mythe. Son solitaire drame! et qui, parfois. tant ce promeneur d'un labyrinthe de trouble et de griefs en prolonge les circuits avec le suspens d'un acte inachevé. semble le spectacle même pourquoi existent la rampe ainsi que l'espace doré quasi moral qu'elle défend. car il n'est point d'autre sujet, sachez-bien : l'antagonisme de rêve chez l'homme avec les fatalités à son existence départies par le malheur.

Toute la curiosité, il est vrai, dans le cas d'aujourd'hui, porte sur l'interprétation, mais en parler. impossible sans la confronter au concept.

L'acteur mène ce discours (*).

A lui seul, par divination. maîtrise incomparable des moyens et aussi une foi de lettré en la toujours certaine et mystérieuse beauté du rôle. il a su conjurer je ne sais quel maléfice comme insinué dans l'air de cette imposante réprésentation. Non, je ne blâme rien à la plantation du magnifique site ni au port somptueux de costumes. encore que selon la manie érudite d'à-présent, cela date, trop *à coup sûr:* et que le choix exact de l'époque Renaissance spirituellement embrumée d'un rien de fourrures septentrionales, ôte du recul légendaire primitif, changeant par exem

(*) Ou M. Mounet-Sully (Octobre 1886).

ple les personnages en contemporains du drama-
turge : Hamlet, lui, évite ce tort, dans sa traditionnelle presque nudité sombre un peu à la Goya.
L'œuvre de Shakespeare est si bien façonnée selon
le seul théâtre de notre esprit, prototype du reste,
qu'elle s'accommode de la mise en scène de maintenant, ou s'en passe, avec indifférence. Autre
chose me déconcerte que de menus détails
infiniment malaisés à régler et discutables : un
mode d'intelligence particulier au lieu parisien
même où s'installe Elseneur et, comme dirait la
langue philosophique, *l'erreur du Théâtre-Français*. Ce fléau est impersonnel et la troupe d'élite
acclamée, dans la circonstance, multiplia son
minutieux zèle : jouer Shakespeare, ils le veulent
bien, et ils veulent le bien jouer, certes. A quoi
le talent ne suffit pas, mais le cède devant certaines habitudes invétérées de comprendre. Ici
Horatio, non que je le vise, avec quelque chose
de classique et d'après Molière dans l'allure : mais
Laertes, j'aborde au sujet, joue au premier plan
et pour son compte comme si voyages, double deuil
pitoyable, comportaient un intérêt spécial. Les plus
belles qualités (au complet,) qu'importe dans une
histoire éteignant tout ce qui n'est un imaginaire
héros, à demi mêlé à de l'abstraction: et c'est
trouer de sa réalité, ainsi qu'une vaporeuse toile,
l'ambiance, que dégage l'emblématique Hamlet.
Comparses, il le faut! car dans l'idéale peinture
de la scène tout se meut *selon une réciprocité symbo-*

*lique des types entre eux ou relativement à une figure
seule.* Magistral, tel infuse l'intensité de sa verve
franche à Polonius en une sénile sottise empressée
d'intendant de quelque jovial conte, je goûte, mais
oublieux alors d'un ministre tout autre qui égayait
mon souvenir, figure comme découpée dans l'usure
d'une tapisserie pareille à celle où il lui faut rentrer pour mourir : falot, inconsistant bouffon
d'âge, de qui le cadavre léger n'implique, laissé à
mi-cours de la pièce, pas d'autre importance que
n'en donne l'exclamation brève et hagarde « un
Rat ! » Qui erre autour d'un type exceptionnel
comme Hamlet, n'est que lui, Hamlet : et le fatidique prince qui périra au premier pas dans la
virilité, repousse mélancoliquement, d'une pointe
vaine d'épée, hors de la route interdite à sa marche,
le tas de loquace vacuité gisant que plus tard il
risquerait de devenir à son tour, s'il vieillissait.
Ophélie, vierge enfance objectivée du lamentable
héritier royal, reste d'accord avec l'esprit de con-
servatoires moderne : elle a du naturel, comme
l'entendent les ingénues, préférant à s'abandonner aux ballades introduire tout le quotidien
acquis d'une savante entre les comédiennes ; chez
elle éclate non sans grâce, quelque intonation
parfaite, dans les pièces du jour ou la vie. Alors
je surprends en ma mémoire, autres que les lettres
qui groupent le mot Shakespeare, voleter de ces
noms qu'il est sacrilège même de taire, car on les
devine.

Quel est le pouvoir du Songe !

Le — je ne sais quel effacement subtil et fané et
d'imagerie de jadis, qui manque à des-maîtres-
artistes aimant à représenter un fait comme il en
arrive, clair, battant neuf! lui Hamlet, étranger à
tous lieux où il poind, le leur impose à ces vivants
trop en relief, par l'inquiétant ou funèbre envahissement de sa présence : l'acteur, sur quoi se
taille un peu exclusive à souhait la version française, remet tout en place seul par l'exorcisme
d'un geste annulant l'influence pernicieuse de la
Maison en même temps qu'il épand l'atmosphère
du génie, avec un tact dominateur et du fait de
s'être miré naïvement dans le séculaire texte. Son
charme tout d'élégance désolée accorde comme
une cadence à chaque sursaut : puis la nostalgie
de la prime sagesse inoubliée malgré les aber-
rations que cause l'orage battant la plume déli-
cieuse de sa toque, voilà le caractère peut-être et
l'invention du jeu de ce contemporain qui tire de
l'instinct parfois indéchiffrable à lui-même des
éclairs de scoliaste. Ainsi m'apparaît rendue la
dualité morbide qui fait le cas d'Hamlet, oui,
fou en dehors et sous la flagellation contradictoire du devoir, mais s'il fixe en dedans les
yeux sur une image de soi qu'il y garde intacte
autant qu'une Ophélie jamais noyée, elle! prêt
toujours à se ressaisir. Joyau intact sous le
désastre.

15

Mime, penseur. le tragédien interprète **Hamlet**
en souverain plastique et mental de l'art et surtout
comme Hamlet existe par l'hérédité en les esprits
de la fin de ce siècle : il convenait, une fois, après
l'angoissante veille romantique, de voir aboutir
jusqu'à nous résumé le beau démon, au maintien
demain peut-être incompris. c'est fait. Avec solennité, un acteur lègue élucidée. quelque peu com-
posite mais très d'ensemble, comme authentiquée
du sceau d'une époque suprême et neutre, à un
avenir qui probablement ne s'en souciera mais
ne pourra du moins l'altérer. une ressemblance
immortelle.

BALLETS

La Cornalba me ravit, qui danse comme dévêtue : c'est-à-dire que sans le semblant d'aide offert à un enlèvement ou à la chute par une présence volante et assoupie de gazes, elle paraît, appelée dans l'air, s'y soutenir, du fait italien d'une moelleuse tension de sa personne.

Tout le souvenir, non ! du spectacle à l'Eden. faute de Poésie : ce qu'on nomme ainsi, au contraire, y foisonne. débauche aimable pour l'esprit libéré de la fréquentation des personnages à robes. habit et mots célèbres. Seulement le charme aux pages du livret ne passe pas dans la représentation. Les astres. eux-mêmes, lesquels j'ai pour croyance que, rarement, il faut déranger pas sans raisons considérables de méditative gravité (ici, selon l'explication. l'Amour les ment et les assemble) je feuillette et j'apprends qu'ils sont de la partie ; et l'incohérent manque hautain de signification qui scintille en l'alphabet de la Nuit va consentir à tracer le mot VIVIANE. enjôleurs nom de la fée et titre du poème, selon quelques coups d'épingle stellaires en une toile de fond bleue : car le corps de ballet, total ne figurera autour de *l'étoile* (la peut-on mieux nommer !) la danse idéale des constellations. Point! de là on partait, vous voyez dans quels mondes, droit à l'abime d'art. La neige aussi dont chaque flocon ne revit pas au va-et-vient d'un blanc ballabile ou selon une valse, ni le jet vernal des floraisons : tout ce qui est, en effet, la Poésie, ou nature animée, sort du texte pour se figer en des manœuvres de carton et l'éblouissante stagnation des mousselines lie et feu. Aussi dans l'ordre de l'action, j'ai vu un cercle magique par autre chose dessiné que le tour continu ou les lacs de la fée même : etc. Mille détails piquants d'invention, sans qu'aucun atteigne à une importance de fonctionnement avéré et normal, dans le rendu. Quelqu'un jamais, notamment au cas sidéral précité, avec plus d'héroïsme passa-t-il outre la tentation de reconnaître en même temps que des analogies solennelles, cette loi, que le premier sujet, hors cadre, de la danse soit une synthèse mobile, en son incessante ubiquité, des attitudes de chaque groupe : comme elles ne la font que détailler, en tant que fractions, à l'infini. Telle, une réciprocité, dont résulte l'*in*-individuel, chez la coryphée et dans l'ensemble, de l'être dansant, jamais qu'emblème point quelqu'un..

Le jugement, ou l'axiome, à affirmer en fait de ballet !

A savoir que la danseuse *n'est pas une femme qui danse*, pour ces motifs juxtaposés qu'elle *n'est pas une femme*, mais une métaphore résumant un des aspects élémentaires de notre forme, glaive, coupe, fleur, etc., et *qu'elle ne danse pas*, suggérant, par le prodige de raccourcis ou d'élans, avec une écriture corporelle ce qu'il faudrait des paragraphes en prose dialoguée autant que descriptive, pour exprimer, dans la rédaction : poème dégagé de tout appareil du scribe.

Après une légende, la Fable point comme l'entendit le goût classique ou machinerie d'empyrée, mais selon le sens restreint d'une transposition de notre caractère, ainsi que de nos façons, au type simple de l'animal. Un jeu aisé consistait à *re*-traduire à l'aide de personnages, il est vrai, plus instinctifs comme bondissants et muets que ceux à qui un conscient langage permet de s'énoncer dans la comédie, les sentiments humains don-

15.

nés par le fabuliste à d'énamourés volatiles. La
danse est ailes, il s'agit d'oiseaux et des départs
en l'à-jamais, des retours vibrants comme flèche :
à qui scrute la représentation des *Deux Pigeons*
apparait par la vertu du sujet, cela, une obligatoire suite des motifs fondamentaux du Ballet.
L'effort d'imagination pour trouver ces similitudes ne s'annonce pas ardu, mais c'est quelque
chose que d'apercevoir une parité médiocre
même, et le résultat intéresse, en art. Leurre!
sauf dans le premier acte, une jolie incarnation des
ramiers en l'humanité mimique ou dansante
des protagonistes.

Deux pigeons s'aimaient d'amour tendre

deux ou plusieurs, par paire, sur un toit, ainsi
que la mer, vu en l'arceau d'une ferme thessa-
lienne, et vivants, ce qui est, mieux que peints.
dans la profondeur et d'un juste goût. L'un des
amants à l'autre les montre puis soi-même, langage
initial, comparaison. Tant peu à peu les allures
du couple acceptent de l'influence du pigeonnier
becquètements ou sursauts, pâmoisons, que se
voit cet envahissement d'aérienne lasciveté sur
lui glisser, avec des ressemblances éperdues.
Enfants, les voici oiseaux, ou le contraire, d'oiseaux enfants, selon qu'on veut comprendre
l'échange dont toujours et dès lors, lui et elle,
devraient exprimer le double jeu : peut-être, toute

l'aventure de la différence sexuelle ! Or je cesse-
rai de m'élever à aucune considération, que suggère le Ballet, adjuvant et le paradis de toute
spiritualité, parce qu'après cet ingénu prélude,
rien n'a lieu, sauf la perfection des exécutants,
qui vaille un instant d'arrière-exercice du regard,
rien.. Fastidieux de mettre le doigt sur l'inanité
quelconque issue d'un gracieux motif premier.
Ici la fuite du vagabond, laquelle prêtait, du
moins, à cette espèce d'extatique impuissance à
disparaitre qui délicieusement attache aux plan-
chers la danseuse ; puis quand viendra, dans le
rappel du même site ou le foyer, l'heure poignante
et adorée du rapatriement, avec intercalation
d'une fête à quoi tout va tourner sous l'orage, et
que les déchirés, pardonnante et fugitif, s'uniront :
ce sera.. Vous concevez l'hymne de danse final
et triomphal où diminue jusqu'à la source de leur
joie ivre l'espace mis entre les fiancés par la
nécessité du voyage ! Ce sera.. comme si la
chose se passait, madame ou monsieur, chez l'un
de vous avec quelque baiser très indifférent en
art, toute la Danse n'étant de cet acte que la
mystérieuse interprétation sacrée. Seulement,
songer ainsi, c'est à se faire rappeler par un trait
de flûte le ridicule de son état visionnaire quant
au contemporain banal qu'il faut, après tout,
représenter, par condescendance pour le fauteuil
d'Opéra.

A l'exception d'un rapport perçu avec netteté
entre l'allure habituelle du vol et maints effets
chorégraphiques, puis le transport au Ballet, non
sans tricherie. de la Fable. demeure quelque
histoire d'amour : il faut que virtuose sans pair
à l'intermède du divertissement (rien n'y est que
morceaux et placage) l'émerveillante Mademoi-
selle Mauri résume le sujet par sa divination mêlée d'animalité trouble et pure à tous propos
désignant les allusions non mises au point, ainsi
qu'avant un pas elle invite, avec deux doigts, un
pli frémissant de sa jupe et simule une impatience
de plumes vers l'idée.

Un art tient la scène, historique avec le Drame ;
avec le Ballet, autre, emblématique. Allier, mais
ne confondre ; ce n'est point d'emblée et par traitement commun qu'il faut joindre deux attitudes
jalouses de leur silence respectif. la mimique et la
danse. tout à coup hostiles si l'on en force le
rapprochement. Exemple qui illustre ce propos :
a-t-on pas tout à l'heure, pour rendre une identique essence, celle de l'oiseau, chez deux inter-
prètes. imaginé d'élire une mime à côté d'une
danseuse, c'est confronter trop de différence !
l'autre, si l'une est colombe, devenant j'ignore
quoi. la brise par exemple. Au moins. très judi-

cieusement, à l'Eden, ou selon les deux modes
d'art exclusifs, un thème marqua l'antagonisme
que chez son héros participant du double monde,
homme déjà et enfant encore, installe la rivalité
de la femme qui *marche* (même à lui sur des tapis
de royauté) avec celle, non moins chère du fait
de sa voltige seule, la primitive et fée. Ce trait
distinct de chaque genre théâtral mis en contact ou
opposé se trouve commander l'œuvre qui emploie
la disparate à son architecture même : resterait à
trouver une communication. Le librettiste ignore
d'ordinaire que la danseuse, qui s'exprime par des
pas, ne comprend d'éloquence autre, même le
geste.

A moins du génie disant : « La Danse figure le
caprice à l'essor rythmique — voici avec leur
nombre, les quelques équations sommaires de
toute fantaisie — or la forme humaine dans sa
plus excessive mobilité, ou vrai développement,
ne les peut transgresser, en tant, je le sais,
qu'incorporation visuelle de l'idée » : cela, puis
un coup d'œil jeté sur un ensemble de chorégra-
phie ! personne à qui ce moyen s'impose d'établir
un ballet. Connue la tournure d'esprit contemporaine, chez ceux mêmes, aux facultés ayant pour
fonction de se produire miraculeuses : il y faudrait substituer je ne sais quel impersonnel ou
fulgurant regard absolu, comme l'éclair qui enveloppe, depuis quelques ans. la danseuse d'Edens,

fondant une crudité électrique à des blancheurs
extra-charnelles de fards, et en fait bien l'être
prestigieux reculé au delà de toute vie possible.

L'unique entraînement imaginatif consiste,
aux heures ordinaires de fréquentation dans les
lieux de Danse sans visée quelconque préalable,
patiemment et passivement à se demander devant
tout pas, chaque attitude si étranges, ces pointes
et taquetés, allongés ou ballons. « Que peut signifier ceci » ou mieux, d'inspiration, le lire. A coup
sûr on opérera en pleine rêverie, mais adéquate :
vaporeuse, nette et ample, ou restreinte, telle
seulement que l'enferme en ses circuits ou la
transporte par une fugue la ballerine illettrée se
livrant aux jeux de sa profession. Oui, celle-là
(serais-tu perdu en une salle, spectateur très
étranger, Ami) pour peu que tu déposes avec
soumission à ses pieds d'inconsciente révélatrice
ainsi que les roses qu'enlève et jette en la visi-
bilité de régions supérieures un jeu de ses chaus-
sons de satin pâle vertigineux, la Fleur d'abord
de ton poétique instinct, n'attendant de rien autre
la mise en évidence et sous le vrai jour des mille
imaginations latentes : alors, par un commerce
dont paraît son sourire verser le secret, sans tarder elle te livre à travers le voile dernier qui toujours reste, la nudité de tes concepts et silencieusement écrira ta vision à la façon d'un Signe,
qu'elle est.

LES FONDS DANS LE BALLET

Relativement à la Loïe Fuller en tant qu'elle se propage, alentour, de tissus ramenés à sa personne, par l'action d'une danse, tout a été dit, dans des articles quelques-uns des poèmes.

L'exercice, comme invention, sans l'emploi, comporte une ivresse d'art et, simultané un accomplissement industriel.

Au bain terrible des étoffes se pâme, radieuse, froide la figurante qui illustre maint thème giratoire où tend une trame loin épanouie, pétale et papillon géants, déferlement, tout d'ordre net et élémentaire. Sa fusion aux nuances véloces muant leur fantasmagorie oxyhydrique de crépuscule et de grotte, telles rapidités de passions, delice, deuil, colère : il faut pour les mouvoir, prismatiques, avec violence ou diluées, le vertige d'une âme comme mise à l'air par un artifice.

Qu'une femme associe l'envolée de vêtements à la danse puissante ou vaste au point de les soutenir, à l'infini, comme son expansion —

La leçon tient en cet effet spirituel —

Don avec ingénuité et certitude fait par l'étranger fantôme au Ballet ou la forme théâtrale de poésie par excellence : le reconnaître, entier, dans ses conséquences, tard, à la faveur du recul.

Toujours une banalité flotte entre le spectacle dansé et vous.

La défense que cet éblouissement satisfasse une pensive délicatesse comme y atteint par exemple le plaisir trouvé dans la lecture des vers, accuse la négligence de moyens subtils inclus en l'arcane de la Danse. Quelque esthétique restaurée outrepassera des notes à côté, où, du moins, je dénonce, à un point de vue proche, une erreur ordinaire à la mise en scène : aidé comme je suis, inespérément, soudain par la solution que déploie avec l'émoi seul de sa robe

ma très peu consciente ou volontairement ici en
cause inspiratrice.

Quand, au lever du rideau dans une salle de
gala et tout local, apparaît ainsi qu'un flocon
d'où soufflé? furieux, la danseuse : le plancher
évité par bonds ou dur aux pointes, acquiert
une virginité de site pas songé, qu'isole, bâtira,
fleurira la figure. Le décor gît, latent dans l'orchestre, trésor des imaginations ; pour en sortir,
par éclat, selon la vue que dispense la repré-
sentante çà et là de l'idée à la rampe. Or cette
transition de sonorités aux tissus (y a-t-il, mieux,
à une gaze ressemblant que la Musique !) est,
uniquement, le sortilège qu'opère la Loïe Fuller,
par instinct, avec l'exagération, les retraits, de
jupe ou d'aile, instituant un lieu. L'enchante-
resse fait l'ambiance, la tire de soi et l'y rentre,
par un silence palpité de crêpes de Chine. Tout
à l'heure va disparaître comme dans ce cas une
imbécillité, la traditionnelle plantation de décors
permanents ou stables en opposition avec la
mobilité chorégraphique. Châssis opaques, carton
cette intrusion, au rancart! voici rendue au
Ballet l'atmosphère ou rien, visions sitôt éparses
que sues, leur évocation limpide. La scène libre,
au gré de fictions, exhalée du jeu d'un voile
avec attitudes et gestes, devient le très pur
résultat.

16

Si tels changements, à un genre exempt de
quelque accessoire sauf la présence humaine,
importés par cette création : on rêve de scruter
le principe.

Toute émotion sort de vous, élargit un
milieu; ou sur vous fond et l'incorpore.

Ainsi ce dégagement multiple autour d'une
nudité, grand des contradictoires vols où celle-ci
l'ordonne, orageux, planant l'y magnifie
jusqu'à la dissoudre : centrale, car tout obéit à
une impulsion fugace en tourbillons, elle résume,
par le vouloir aux extrémités éperdu de chaque
aile et darde sa statuette, stricte, debout — morte de
l'effort à condenser hors d'une libération presque
d'elle des sursautements attardés décoratifs de
cieux, de mer, de soirs, de parfum et d'écume.

Tacite tant! que proférer un mot à son sujet,
durant qu'elle se manifeste, très bas et pour
l'édification d'un voisinage, semble impossible, à
cause que, d'abord, cela confond. Le souvenir
peut-être ne sera pas éteint sous un peu de prose
ici. A mon avis, importait, où que la mode
disperse cette éclosion contemporaine, miracu-
leuse, d'extraire le sens sommaire et l'explication
qui en émane et agit sur l'ensemble d'un art.

Le seul, il le fallait fluide comme l'enchanteur des *Vies Encloses* et aigu — qui, par exception, ait, naguères, traité de Danse, M. Rodenbach, écrit aisément des phrases absolues, sur ce sujet vierge comme les mousselines et même sa clairvoyance — à propos d'une statue exposant, déshabillée, une danseuse — les accumule, les allonge, les tend par vivants plis; puis constate le soin propre aux ballerines depuis les temps « de compliquer de toutes sortes d'atours vaporeux l'ensorcellement des danses, *où leur corps n'apparaît que comme le rythme d'où tout dépend mais qui le cache* ».

Lumineux à l'éblouissement.

Une armature, qui n'est d'aucune femme en particulier, d'où instable, à travers le voile de généralité, attire sur tel fragment révélé de la forme et y boit l'éclair qui le divinise; ou exhale, de retour, par l'ondulation des tissus, flottante, palpitante, éparse cette extase. Oui, le suspens de la Danse, crainte contradictoire ou souhait de voir trop et pas assez, exige un prolongement transparent.

Le poëte, par une page riche et subtile (*), a, du coup, restitué à l'antique fonction son caractère, qu'elle s'étoffe; et, sans retard, invoque la Loïe Fuller, fontaine intarissable d'elle-même — près le développement de qui ou les trames imaginatives versées comme atmosphère, les coryphées du Ballet, court-vêtues à l'excès, manquent d'ambiance sauf l'orchestre et n'était que le costume simplifié, à jamais, pour une spirituelle acrobatie ordonnant de suivre la moindre intention scripturale, existe, mais invisible, dans le mouvement pur et le silence déplacé par la voltige. La presque nudité, à part un rayonnement bref de jupe, soit pour amortir la chute ou, à l'inverse, hausser l'enlèvement des pointes, montre, pour tout, les jambes — sous quelque signification autre que personnelle, comme un instrument direct d'idée.

Toujours le théâtre altère à un point de vue spécial ou littéraire, les arts qu'il prend : musique n'y concourant pas sans perdre en profondeur et

(*) *Figaro.* (5 Mai 1896.)

de l'ombre, ni le chant, de la foudre solitaire et, à proprement parler, pourrait-on ne reconnaître au Ballet le nom de Danse; lequel est, si l'on veut, hiéroglyphe.

Ce me plaît, rattacher, l'une à l'autre, ces études, par une annotation : quand y invite un sagace confrère qui consentit à regarder le rendu plastique, sur la scène, de la poésie — d'autres évitent-ils de trahir, au public ou à soi, que jamais, avec la métamorphose adéquate d'images, ils ne disposent qu'un Ballet. représentable; quels élans et si plus spacieux, que multiplie à la vision leur strophe.

MIMIQUE

Le silence, seul luxe après les rimes, un orchestre ne faisant avec son or, ses frôlements de pensée et de soir, qu'en détailler la signification à l'égal d'une ode tue et que c'est au poëte, suscité par un défi, de traduire! le silence aux après-midi de musique; je le trouve, avec contentement, aussi, devant la réapparition toujours inédite de Pierrot ou du poignant et élégant mime Paul Margueritte.

Ainsi ce PIERROT ASSASSIN DE SA FEMME composé et rédigé par lui-même, soliloque muet que, tout du long à son âme tient et du visage et des gestes le fantôme blanc comme une page pas encore écrite. Un tourbillon de raisons naïves ou neuves émane, qu'il plairait de saisir avec sûreté : l'esthétique du genre situé plus près de principes qu'aucun! rien en cette région du

caprice ne contrariant l'instinct simplificateur
direct.. Voici — « La scène n'illustre que l'idée,
pas une action effective, dans un hymen (d'où
procède le Rêve), vicieux mais sacré, entre le
désir et l'accomplissement, la perpétration et
son souvenir : ici devançant, là remémorant,
au futur, au passé, *sous une apparence fausse de
présent*. Tel opère le Mime, dont le jeu se borne
à une allusion perpétuelle sans briser la glace : il
installe, ainsi, un milieu, pur, de fiction. » Moins
qu'un millier de lignes, le rôle, qui le lit, tout
de suite comprend les règles comme placé devant
un tréteau, leur dépositaire humble. Surprise,
accompagnant l'artifice d'une notation de sentiments par phrases point proférées — que, dans
le seul cas, peut-être, avec authenticité, entre les
feuillets et le regard règne un silence encore,
condition et délice de la lecture.

LE GENRE OU DES MODERNES(*)

Ici, succincte, une parenthèse.

Le Théâtre est d'essence supérieure.

Autrement, évasif desservant du culte qu'il faut l'autorité d'un dieu ou un acquiescement entier de foule pour installer selon le principe, s'attarderait-on à lui dédier ces notes !

Nul poëte jamais ne put à une telle objectivité des jeux de l'âme se croire étranger : admettant qu'une obligation traditionnelle, par temps, lui blasonnât le dos de la pourpre du fauteuil de critique, ou très singulièrement sommé au fond d'un exil, incontinent d'aller voir ce qui se passe chez lui, dans son palais.

(*) Incomplet : sans Augier, Dumas ; etc.

L'attitude, d'autrefois à cette heure, diffère.

Mis devant le triomphe immédiat et forcené du monstre ou Médiocrité qui parada au lieu divin, j'aime Gautier appliquant à son regard las la noire jumelle comme une volontaire cécité et « *C'est un art si grossier.. si abject,* » exprimait-il, devant le rideau; mais comme il ne lui appartenait point, à cause d'un dégoût, d'annuler chez soi des prérogatives de voyant, ce fut encore, ironique, la sentence : « *Il ne devrait y avoir qu'un vaudeville — on ferait quelques changements de temps en temps.* »(*) Remplacez Vaudeville par Mystère, soit une tétralogie multiple elle-même se déployant parallèlement à un cycle d'ans recommencé et tenez que le texte en soit incorruptible comme la loi : voilà presque !

Maintenant que suprêmement on ouït craquer jusque dans sa membrure définitive la menuiserie et le cartonnage de la bête, il est vrai, fleurie, comme en un dernier affolement, de l'éblouissant paradoxe de la chair et du chant; ou qu'imagination pire et sournoise pour leur communiquer l'assurance que rien n'existe qu'eux, demeurent sur la scène seulement des gens pareils aux spectateurs : maintenant, je crois qu'en évitant de traiter l'ennemi de face

_____

(*) Lire le précieux *Journal des Goncourt*, tome 1er.

vu sa feinte candeur et même de lui apprendre
par quoi ce devient plausible de le remplacer
(car la vision neuve de l'idée, il la vêtirait pour
la nier, comme le tour perce déjà dans le Ballet),
véritablement on peut harceler la sottise de tout
cela! avec rien qu'un limpide coup d'œil sur tel
point hasardeux ou sur un autre. A plus vouloir,
on perd sa force qui gît dans l'obscur de considérants tus sitôt que divulgués à demi, où la
pensée se réfugie, or décréter abject un milieu
de sublime nature, parce que l'époque nous le
montra dégradé : non, je m'y sentirais trop
riche en regrets de ce dont il restait beau et
point sacrilège de simplement suggérer la splendeur.

Notre seule magnificence, la scène, à qui le
concours d'arts divers scellés par la poésie attribue selon moi quelque caractère religieux ou
officiel, si l'un de ces mots a un sens, je constate que le siècle finissant n'en a cure, ainsi
comprise ; et que cet assemblage miraculeux de
tout ce qu'il faut pour façonner de la divinité,
sauf la clairvoyance de l'homme, sera pour
rien.

Au cours de la façon d'interrègne pour l'Art,
ce souverain, où s'attarde notre époque tandis
que doit le génie discerner mais quoi? sinon
l'afflux envahisseur et inexpliqué des forces théâ-

trales exactes, mimique, jonglerie, danse et la
simple acrobatie, il ne se passe pas moins que des
gens adviennent, vivent, séjournent en la ville :
phénomène qui ne couvre, apparemment, qu'une
intention d'aller quelquefois au spectacle.

La scène est le foyer évident des plaisirs pris
en commun, aussi et tout bien réfléchi, la majestueuse ouverture sur le mystère dont on est
au monde pour envisager la grandeur, cela
même que le citoyen, qui en aura idée, fonde
le droit de réclamer à un État, comme compensation de l'amoindrissement social. Se figure-t-on
l'entité gouvernante autrement que gênée (eux,
les royaux pantins du passé, à leur insu répon-
daient par le muet boniment de ce qui crevait
de rire en leur personnage enrubanné; mais de
simples généraux maintenant) devant une prétention de malappris, à la pompe, au resplendisse-
ment, à quelque solennisation auguste du Dieu
qu'il sait être! Après un coup d'œil regagne le
chemin qui t'amena dans la cité médiocre et sans
compter ta déception ni t'en prendre à personne.
fais-toi, hôte présomptueux de l'heure, reverser
par le train dans quelque coin de rêverie insolite ;
ou bien reste, nulle part ne seras-tu plus loin
qu'ici : puis commence à toi seul, selon la somme
amassée d'attente et de songes, ta nécessaire
représentation. Satisfait d'être arrivé dans un
temps où le devoir qui lie l'action multiple des

hommes, existe mais à ton exclusion (ce pacte
déchiré parce qu'il n'exhiba point de sceau).

Que firent les Messieurs et les Dames issus à
leur façon pour assister, en l'absence de tout
fonctionnement de majesté et d'extase selon leur
unanime désir précis, à une pièce de théâtre : il
leur fallait s'amuser nonobstant; ils auraient pu,
tandis que riait en train de sourdre la Musique,
y accorder quelque pas monotone de salons. Le
jaloux orchestre ne se prête à rien d'autre que
significances idéales exprimées par la scénique
sylphide. Conscients d'être là pour regarder,
sinon le prodige de Soi ou la Fête! du moins
eux-mêmes ainsi qu'ils se connaissent dans la
rue où à la maison, voilà, au piteux lever d'au-
rorale toile peinte, qu'ils envahirent, les plus
impatients, le proscénium, agréant de s'y comporter ainsi que quotidiennement et partout : ils
salueraient, causeraient à voix superficielle de
riens dont avec précaution est faite leur existence,
durant quoi les autres demeurés en la salle se
plairaient, détournant leur tête la minute de laisser scintiller des diamants d'oreilles qui babillent
Je suis pure de cela qui se passe ici ou la barre de
favoris couper d'ombre une joue comme par un
Ce n'est pas moi dont il est question, convention-
nellement et distraitement à sourire devant

l'intrusion sur le plancher divin : lequel, lui, ne la pouvait endurer avec impunité, à cause d'un certain éclat subtil, extraordinaire et brutal de véracité que contiennent ses becs de gaz mal dissimulés et aussitôt illuminant, dans des attitudes générales, de l'adultère ou du vol, les imprudents acteurs de ce banal sacrilège.

Je comprends.

La danse seule, du fait de ses évolutions, avec le mime me paraît nécessiter un espace réel, ou la scène.

A la rigueur un papier suffit pour évoquer toute pièce : aidé de sa personnalité multiple chacun pouvant se la jouer en dedans, ce qui n'est pas le cas quand il s'agit de pirouettes.

Ainsi je fais peu de différence, prenant un exemple insigne, entre l'admiration que garde ma mémoire d'une lecture de M. Becque, et le plaisir tiré de quelque reprise hier. Que le comédien réveille le beau texte ou si c'est ma vision de liseur à l'écart, voilà (comme les autres ouvrages de ce rare auteur) un chef-d'œuvre moderne dans le style de l'ancien théâtre. La phrase chante sur les voix si bien d'accord que sont celles du Théâtre-Français un motif amer et franc, je ne l'en perçois pas moins écrite,

dans l'immortalité de la brochure : mais avec un
délice d'amateur à constater que la notation
de vérités ou de sentiments pratiquée avec une
justesse presque abstraite, ou simplement littéraire dans le vieux sens du mot, trouve, à la
rampe, vie.

Si ce tarde d'en venir à rassembler à-propos
de gestes et de pas, quelques traits d'esthétique
nouveaux, je ne laisserai par exemple tel acte (*)
parfait dans une manière, sans marquer qu'il
a, comme le doit tout produit même exquisement
moyen et de fiction plutôt terre à terre, par un
coin, aussi sa puissante touche de poésie inévi-
table : dans l'instrumentale conduite des timbres
du dialogue, interruptions, répétitions, toute une
technique qui rappelle l'exécution en musique
de chambre de quelque fin concert de tonalité un
peu neutre ; et (je souris) du fait du symbole.
Qu'est-ce, sinon une allégorie bourgeoise, déli-
cieuse et vraie, prenez la pièce ou voyez-la ! que
cette apparition à l'homme qui peut l'épouser,
d'une jeune fille parée de beaux enfants d'autrui,
hâtant le dénonement par un tableau de mater-
nité future.

A tout le théàtre faussé par une thèse ou aveuli
jusqu'à des chromolithographies, le contraire,

(*) *Les Honnêtes Femmes*.

cet auteur dramatique par excellence (pour devancer la mention des bustes de foyer) oppose comme harmonie les types et l'action. Ainsi les ameublements indiquant l'intimité de notre siècle, louches, quels, prétentieux! vient se substituer le ton bourgeois et pur du style dernier, le Louis XVI. Analogie qui me prend : à ne revoir rien de mieux et de contemporain que les soieries de robe aux bergères avec alignement d'acajou discret, cela noble, familier, où le regard jamais trompé par les similitudes de quelque allusion décorative aveuglante, ne risque d'accrocher à leur crudité, puis d'y confondre selon des torsions le bizarre luxe de sa propre chimère. Je sens une sympathie pour l'ouvrier d'un œuvre restreint et parfait, mais d'un œuvre parce qu'un art y tient, lequel me charme par une fidélité à tout ce qui fut une simple et superbe tradition, et ne gêne ni ne masque l'avenir.

Le malentendu qui toutefois peut s'installer entre la badauderie et le maître, si quelqu'un n'y coupe court en vertu d'une admiration, provient de ce que, dans un souhait trouble de nouveau, on attende cet art inventé de toutes pièces : tandis que voici un aboutissement imprévu, glorieux et neuf de l'ancien genre classique, en pleine modernité, avec notre expérience ou je ne sais quel désintéressement cruel qu'on n'a pas em-

ployé tout à nu, avant le siècle. Autre chose que
la *Parisienne* notamment, c'est présumer mieux
qu'un chef-d'œuvre, tant le savoir de l'écrivain
brille en cette production de verte maturité;
ou surpassera-t-il les *Corbeaux*? je ne le désire,
presque et me défierais. Une à une reprenez sur
quelque scène officielle et comme exprès rétros-
pective les pièces qui, du premier soir, furent
évidentes, pour que le travailleur groupe à l'entour maint exemplaire du genre dont il a, par un
fait historique très spécial, dégagé, sur le tard de
notre littérature, la vive ou sobre beauté. Ne
pas feindre l'impatience d'une surprise; quand
le fait a eu lieu, achevant ainsi avec un plus
strict éclat qu'un des génies antérieurs eût pu
l'allumer, sa révélation ou notre comédie de
mœurs française.

Comme je goûte, encore et différemment, la
farce claire, autant que profonde sans prendre
jamais un ton soucieux vu que c'est trop si la vie
l'affecte envers nous, rien n'y valant que s'enfle
l'orchestration des colères, du blâme ou de la
plainte! partition ici tue selon un rythmique
équilibre dans la structure, elle se répond, par
opposition de scènes contrastées et retournées,
d'un acte à l'autre où c'est une voltige, allées,
venues, en maint sens, de la Fantaisie, qui
efface d'un pincement de sa jupe, ou montre,

une transparence d'allusions à tout ridicule; par
exemple, avec M. Meilhac.

Quelques romans ont, de pensée qu'ils étaient,
en ces temps repris corps, voix et chair, et cédé
leurs fonds de coloris immatériel, à la toile, au
gaz.

Le roman, je ne sais le considérer au pouvoir
des maîtres ayant apporté à sa forme un changement si vaste (quand il s'agissait naguère d'en
fixer l'esthétique), sans admirer qu'à lui seul il
débarrasse la scène de l'intrusion du moderne,
désastreux et nul comme se gardant d'agir plus
que de tout.

Quoi! le parfait écrit récuse jusqu'à la
moindre aventure, pour se complaire dans son
évocation chaste, sur le tain de souvenirs,
comme l'est telle extraordinaire figure, à la fois
éternel fantôme et le souffle! quand il ne se passe
rien d'immédiat et en dehors, dans un présent
qui joue à l'effacé pour couvrir de plus hybrides
dessous. Si notre extérieure agitation choque, en
l'écran de feuillets imprimés, à plus forte raison
sur les planches, matérialité dressée dans une

obstruction gratuite. Oui, le Livre ou cette mono-
graphie qu'il devient d'un type (superposition des
pages comme un coffret, défendant contre le
brutal espace une délicatesse reployée infinie et
intime de l'être en soi-même) suffit avec maints
procédés si neufs analogues en raréfaction à ce
qu'a de subtil la vie. Par une mentale opération
et point d'autre, lecteur je m'adonne à abstraire
la physionomie, sans le déplaisir d'un visage
exact penché, hors la rampe, sur ma source ou
âme. Ses traits réduits à des mots, un maintien
le cédant à l'identique disposition de phrase,
tout ce pur résultat atteint pour ma délecta-
tion noble, s'effarouche d'une interprète, qu'il
sied d'aller voir en tant que public, quelque part,
si l'on n'aime rouvrir, comme moi, chaque
hiver, un des exquis et poignants ouvrages de
MM. de Goncourt; car vous apprenez, quoique
traîne et recule au plus loin de la cadence
d'une phrase ma conclusion relative à l'un des
princes des lettres contemporaines, tout cet artifice dilatoire de respect vise la si intéressante,
habile et quasi originale adaptation qu'il fait
lui-même du chef-d'œuvre. Au manque de goût,
aisé de chuchoter des vérités que mieux trompette l'œuvre éclatant du romancier, cette atténuation : je réclame, point selon une vue
théâtrale — pour l'intégrité du génie littéraire —
à cause du milieu peut-être plus grossier encore,
quand restitué, scéniquement, à l'existence d'où,

auparavant, tiré par le stratagème délicieux, fuyant, de l'analyse.

Et.. et — je parle d'après quelque perception d'atmosphère chez un poëte transposé dans le monde — répondez si demeure un rapport satisfaisant, ici, entre la façon de paraître ou de dire forcément soulignée des comédiens en exercice et le caractère tout insaisissable finesse de la vie. Conventions! et vous vous implanterez, au théâtre, avec plus de vraisemblance les paradis, qu'un salon.

M. Daudet, je crois, sans préconception, interroge à mesure que parait l'éveil du roman à la scène, des dons, pour servir tel effet, dans le sens apparu et selon pas de loi qu'un impeccable tact. Art qui inquiète, séduit comme vrai derrière une ambiguïté entre l'écrit et le joué, des deux aucun ; elle verse, le volume presque omis, le charme inhabituel à la rampe. Si le présent perfide et cher d'un asservissement à la pensée d'autrui, plus! à une écriture — que le talisman de la page ; on ne se croit, ici, d'autre part, captif du vieil enchantement redoré d'une salle, le spectacle impliquant je ne sais quoi de direct ou encore la qualité de provenir de chacun à la façon d'une vision libre. L'acteur évite de

scander le pas à la ritournelle dramatique, mais
enjambe un silencieux tapis, sur le sonore trem-
plin rudimentaire de la marche et du bond. Mor-
cellement, infini, jusqu'au délice — de ce qu'il
faudrait, par contradiction avec une formule
célèbre, appeler *la scène à ne pas faire* du moins
à l'heure actuelle où personne ne choie qu'une
préoccupation, rayant tous les codes passés, « jamais rien accomplir ou proférer qui puisse exactement se copier au théâtre ». Le choc d'âme
sans qu'on s'y abandonne comme dans le seul
poème, a lieu par brefs moyens, un cri, ce
sursaut la minute d'y faire allusion, avec une
légèreté de touche autant que la clairvoyance
d'un homme qui a, exceptionnellement, dans le
regard, notre monde.

Nouveaux, concis, lumineux traits, que le
Livre dût-il y perdre, enseigne à un théâtre
borné.

L'intention, quand on y pense, gisant aux sommaires plis de la tragédie française ne fut pas
l'antiquité ranimée dans sa cendre blanche mais
de produire en un milieu nul ou à peu près les
grandes poses humaines et comme notre plastique
morale.

Statuaire égale à l'interne opération par exemple

de Descartes et si le tréteau significatif d'alors
avec l'unité de personnage. n'en profita, joignant
les planches et la philosophie. il faut accuser le
goût notoirement érudit d'une époque retenue
d'inventer malgré sa nature prête. dissertatrice et
neutre, à vivifier le type abstrait. Une page à ces
grécisants, ou même latine. servait. dans le
décalque. La figure d'élan idéal ne dépouilla pas
l'obsession scolaire ni les modes du siècle.

Seul l'instinctif et survit. qui a dressé une belle
musculature des fantômes.

Si je précise le dessin contraire ou pareil de cet
homme de vue si simple. M. Zola, acceptant la
modernité pour l'ère définitive (au-dessus de quoi
s'envola. dans l'héroïque encore. le camaïeu
Louis XIV). il projette d'y établir comme sur
quelque terrain. général et stable. le drame sur
soi et hors d'aucune fable que les cas de notoriété.
Le moyen de sublimation de poëtes nos prédéces-
seurs avec un vieux vice charmant, trop de facilité à dégager la rythmique élégance d'une
synthèse, approchait la formule cherchée. qui
diffère par une brisure analytique, multipliant la
vraisemblance ou les heurts du hasard.

Vienne le dénouement d'un orage de vie. gens
de ce temps rappelons-nous avec quel souci de

parer jusqu'à une surprise de geste ou de cri
dérangeant notre sobriété nous nous asseyons
pour un entretien. Ainsi et selon cette tenue,
commence en laissant s'agiter chez le spectateur
le sourd orchestre d'en dessous et me subjugue
sa Phèdre, *Renée*.. Chaque état sensitif à demi-
mot, se résout posément par les personnages
même su, le propre de l'attitude maintenant, ou
celle humaine suprême, étant de ne parler jamais
qu'après décision, loin de fournir la primauté
au motif sentimental même le plus cher : alors,
en nous l'impersonnabilité des grandes occasions.

Loi, exclusive de tout art traditionnel, non! elle
dicta le théâtre classique à l'éloquent débat inin-
terrompu : aussi par ce rapport mieux que par
les analogies du sujet même avec un, dix-septième
siècle, le théâtre de mœurs récent confine à l'ancien!

Voyez que vous-même, après coup ou d'avance
mais sciemment, toujours traitez la situation : un
contemporain essaye de l'élucider par un appel pur
à son jugement, comme à propos de quelque autre
sans se mettre en jeu. Le triple combat entre
Saccard et le père de l'héroïne, puis Renée, résol-
vant en affaire le sinistre préalable, illustre cela,
au point que ne m'apparaisse d'ouverture dra-

matique plus strictement moderne, à cause
d'une maîtrise pour chacun anticipée et nette de
soi.

Ce volontaire effacement extérieur qui particu-
larise notre façon, toutefois, ne peut sans des
éclats se prolonger et la succincte foudre qui servira de détente à tant de contrainte et d'inutiles
précautions contre l'acte magnifique de vivre,
marque d'un jour violent le malheureux comme
pris en faute dans une telle interdiction de se
montrer à même.

Voilà une théorie tragique actuelle ou, pour
mieux dire, la dernière : le drame, latent, ne se
manifeste que par une déchirure affirmant l'irréductibilité de nos instincts.

L'adaptation, par le romancier, d'un tome de
son œuvre, cause, sur qui prend place très désintéressé, un effet de pièce succédant à celles
fournies par le théâtre dit de genre, sauf la splendeur à tout coup de qualités élargies jusqu'à
valoir un point de vue : affinant la curiosité en
intuition qu'existe de cela aux choses quotidiennement jouées et pas d'aspect autres, une différence —

Absolue..

Ce voile conventionnel qui. ton. concept, etc.,
erre dans toute salle, accrochant aux cristaux
perspicaces eux-mêmes son tissu de fausseté et ne
découvre que banale la scène, il a comme flambé
au gaz! et ingénus, morbides, sournois, brutaux,
avec une nudité d'allure bien dans la franchise
classique, se montrent des caractères.

PARENTHESE

Cependant non loin, le lavage à grande eau musical du Temple, qu'effectue devant ma stupeur, l'orchestre avec ses déluges de gloire ou de tristesse versés, ne l'entendez-vous pas? dont la Danseuse restaurée mais encore invisible à de préparatoires cérémonies, semble la mouvante écume suprême.

Il fut un théâtre, le seul où j'allais de mon gré, l'Eden, significatif de l'état d'aujourd'hui, avec son apothéotique résurrection italienne de danses offerte à notre vulgaire plaisir, tandis que par derrière attendait le monotone promenoir. Une lueur de faux cieux électrique baigna la récente foule, en vestons, à sacoche: puis à travers l'exal-

tation. par les sons. d'un imbécile or et de rires,
arrêta sur la fulgurance des paillons ou de chairs·
l'irrémissible lassitude muette de ce qui n'est pas
illuminé des feux d'abord de l'esprit. Parfois j'y
considérai. au sursaut de l'archet. comme sur un
coup de baguette légué de l'ancienne Féerie, quelque cohue multicolore et neutre en scène soudain
se diaprer de graduels chatoiements ordonnée en
un savant ballabile, effet rare véritablement et
enchanté : mais de tout cela et de l'éclaircie faite
dans la manœuvre des masses selon de subtils
premiers sujets! le mot restait aux finales quê-
teuses mornes de là-haut entraînant la sottise
polyglotte éblouie par l'exhibition des moyens de
beauté et pressée de dégorger cet éclair. vers
quelque reddition de comptes simplificatrice : car
la prostitution en ce lieu, et c'était là un signe
esthétique, devant la satiété de mousselines et de
nu abjura jusqu'à l'extravagance puérile de plumes et de la traîne ou le fard, pour ne triompher.
que du fait sournois et brutal de sa présence
parmi d'incomprises merveilles. Oui. je ne
retournais à cause de ce cas flagrant qui occupa
toute ma rêverie comme l'endroit: en vain ! sans
la musique telle que nous la savons égale des
silences et le jet d'eau de la voix. ces revendica-
trices d'une idéale fonction. la Zucchi, la Cornalba. la Laus avaient de la jambe écartant le
banal conflit, neuves, enthousiastes, désigné avec
un pied suprême au delà des vénalités de l'atmos-

phère, plus haut même que le plafond peint
quelque astre.

Très instructive exploitation adieu.

A défaut du ballet y expirant dans une fatigue
de luxe, voici que ce local singulier deux ans déjà
par des vêpres dominicales de la symphonie purifié
bientôt intronise, non pas le cher mélodrame
français agrandi jusqu'à l'accord du vers et du
tumulte instrumental ou leur lutte (prétention
aux danses parallèle chez le poëte) ; mais un art, le
plus compréhensif de ce temps, tel que par l'omnipotence d'un total génie encore archaïque il échut
et pour toujours aux commencements d'une race
rivale de nous : avec *Lohengrin* de Richard Wagner.

Ô plaisir et d'entendre, là, dans un recueillement
trouvé à l'autel de tout sens poétique, ce qui est,
jusque maintenant, la vérité ; puis, de pouvoir, à
propos d'une expression même étrangère à nos
propres espoirs, émettre, cependant et sans
malentendu, des paroles.

Jamais soufflet tel à l'élite soucieuse de recueil‐

lement devant des splendeurs, que celui donné
par la crapule exigeant la suppression, avec ou
sans le gouvernement, du chef-d'œuvre affolé
lui-même : ce genre de honte possible n'avait
encore été envisagé par moi et acquis, au
point que quelque tempête d'égout qui maintenant s'insurge contre de la supériorité et y crache,
j'aurai vu pire, et rien ne produira qu'indifférence.

Certaine incurie des premières représentations
pour ne pas dire un éloignement, peut-être, de leur
solennité, où une présence avérée parmi tout
l'éclat scénique commande, au lieu de ces légères
Notes d'un coin prises par côté et n'importe
quand à l'arrière vibration d'un soir, mon attention
pleine et de face, orthodoxe, à des plaisirs que je
sens médiocrement ; aussi d'autres raisons diffu-
ses, même en un cas exceptionnel me conduisi-
rent à négliger les moyens d'être de ce lever
angoissant du rideau français sur Wagner. Mal
m'en a pris ; on sait le reste et comment c'est en
fuyant la patrie que dorénavant il faudra satisfaire
de beau notre âme.

Voilà, c'est fini, pour des ans.

Que de sottise et notamment au sens politique
envahissant tout, si bien que j'en parle! d'avoir

18.

perdu une occasion élémentaire, tombée des
nuages et sur quoi s'abattre, nous, de manifester
à une nation hostile la courtoisie qui déjoue le
hargneux fait divers ; quand il s'agissait d'en
saluer le Génie dans son aveuglante gloire.

Tous, de nouveau nous voici, quiconque recherche le culte d'un art en rapport avec le temps
(encore à mon avis que celui d'Allemagne accuse
de la bâtardise pompeuse et neuve), obligés de
prendre matériellement, le chemin de l'étranger
non sans ce déplaisir subi, par l'instinct simple de
l'artiste, à quitter le sol du pays ; dès qu'il y a
lieu de s'abreuver à un jaillissement voulu par sa

PLANCHES ET FEUILLETS

L'occasion depuis peu se présenta d'étudier, à la fois, une œuvre dramatique neuve et certaines dispositions secrètes à lui-même du public parisien : avec la proclamation de sentiments supérieurs, rien ne me captive tant que lire leur reflet en l'indéchiffrable visage nombreux formé par une assistance.

Je me reporte au récent gala littéraire donné par M. Edouard Dujardin pour produire la *Fin d'Antonia*.

L'auteur montre une des figures intéressantes d'aujourd'hui. Celle du lettré, une flamme continue et pure le distingue (romancier avec *les Hantises, Les Lauriers sont coupés*, poëte *A la Gloire d'Antonia, Pour la Vierge du roc ardent* et dans *La réponse de la Bergère au Berger*) : mais pas profes-

sionnel, homme du monde, sportsman comme
naguère le fondateur et l'inspirateur des Revues
Indépendante et *Wagnérienne* : il gréerait demain
la voiture autrement qu'en vélin de quelque
remarquable yacht. Je le veux voir, pour cette
heure, costumé du soir, une pluie d'orchidées au
revers de l'habit — ombre de trois quarts selon
la rampe éteinte, avec une jolie inclinaison de
toute l'attitude — mystérieux, scrutant du mo-
nocle le manuscrit de son prologue ; whistlérien.
Trois étés, consécutifs, il invita Paris à connaître
les diverses parties, ou, chaque une tragédie moderne, de la *Légende d'Antonia*. Cette fois-ci spé-
cialement et pour la conclusion il usa de faste.
La très courue, élégante salle du Vaudeville
louée exceptionnellement, les dégagements plan-
tés en serre et drapés de fête, vers la rue, au
point d'y retarder la circulation.. A mon sens,
une erreur ! encore que je ne l'impute à de l'osten-
tation personnelle chez l'impresario. il me
frappe comme désintéressé de toute facile gloire.
ou crédule à la seule vertu de l'œuvre. candidement : pour l'effusion de celle-ci et en faire.
avec sincérité, la preuve, il convoqua devant une
vision de primitif, lointaine et nue, outre des
amateurs, le boulevard.

L'aventure aurait pu tourner autrement qu'avec
quelques rires épars mais exaltés jusqu'au
malaise, interrompant la belle attention, respec-

tueuse, probe décernée par une chambrée magnifique et ses francs applaudissements. De fait, on
commence, à l'endroit de ces suprêmes ou intactes
aristocraties que nous gardions, littérature et
arts, la feinte d'un besoin presque un culte : on se
détourne, esthétiquement, des jeux intermédiaires
proposés au gros du public, vers l'exception et
tel moindre indice, chacun se voulant dire à portée de comprendre quoi que ce soit de rare. J'y
perçois le pire état ; et la ruse propre à étouffer
dès le futur la délicate idée (il ne restera plus
rien de soustrait) ; enfin, je m'apitoie hypocri-
tement, un danger, pour cette artificielle élite.
La stupéfaction, aiguë autrement que l'ennui et
laquelle tord les bouches sans même que le bâillement émane, car on sent qu'il n'y a pas lieu et
que c'est délicieux, certes, mais au delà de soi,
très loin. A ce nouveau supplice la détente vien-
drait de quelque possibilité de rire, abondam-
ment, avec une salle entière, si un incident y
aidait, par exemple le faux pas de l'actrice dans
sa traîne ou une double entente tutélaire d'un
mot. J'ai pu, concurremment à l'intelligence
prompte de la majorité, noter l'instauration, en
plusieurs, de ce phénomène cruel contemporain,
être quelque part où l'on veut et s'y sentir étranger :
je l'indique à la psychologie.

Un argument ou programme d'avance en

main, la coutume dans les concerts, le spectateur n'allait-il pas reconnaître comme une musicale célébration et figuration aussi de la vie, confiant le mystère au langage seul et à l'évolution mimique ?

Transcrire le feuillet :

« Dans la première partie de la légende, l'amante s'est rencontrée avec l'amant ; l'amant est mort ; et, dans la seconde partie (*Le Chevalier du passé*), l'amante est devenue la courtisane ; mais, au milieu de son triomphe, le passé est réapparu et lui a appris la vanité de sa gloire ; et elle est partie.

« Maintenant, c'est une mendiante. Elle a renoncé les anciens désirs : elle ne veut plus rien que le silence et la solitude de la retraite ; une vie spirituelle en dehors du monde et au-dessus de la nature (comme autrefois la vie religieuse) est la fin qu'elle a crue possible. Ainsi son orgueil d'ascète a accepté d'être la mendiante qui tend la main pour le pain quotidien. »

Je ne saurais dire mieux des personnages sinon qu'ils dessinent les uns relativement aux autres, à leur insu, en une sorte de danse, le pas où se compose la marche de l'œuvre. Très mélodique-

ment, en toute suavité; mus par l'orchestre
intime de leur diction. La modernité s'accommode
de ces lacs et tours un peu abstraits, vraiment
d'une façon inattendue si déjà on ne savait ce
que de général et de neutre prévaut, ou d'apte à
exprimer le style, dans notre vêtement même la
redingote, comme il parut aux deux représentations d'ans préalables : la troisième ne requit
pas cette réflexion. Ici l'accord d'un art naïf s'établira, selon le site et le costume devenus
agrestes, sans peine avec des émotions et des
vérités amples, graves, primordiales.

Cette parenthèse —

Je ne me refuse par goût à aucune simplifica-
tion et en souhaite, à l'égal de complexités
parallèles : mais le théâtre institue des personnages agissant et en relief précisément pour qu'ils
négligent la métaphysique, comme l'acteur omet
la présence du lustre : ils ne prieront, vers rien
hors d'eux, que par le cri élémentaire et obscur
de la passion. Sans cette règle, on arriverait, au
travers d'éclairs de la scolastique ou par l'analyse, à dénommer l'absolu : l'invocation, que lui
adressent, en la finale, des bûcherons, me paraît à
cet égard procéder trop directement. La cime
d'un saint mont appuyé en fond, elle-même aux
frises coupée par une bande de ciel, indéniablement pour suggérer un au-delà, suffisait, invisible :

et rabattue en la pureté d'âmes, elle en pouvait
jaillir, comme hymne inconscient au jour qui se
délivre.. A quoi bon le décor, s'il ne maintient
l'image : le traducteur humain n'a, poétiquement,
qu'à subir et à rendre cette hantise.

L'attrait majeur qu'exerce sur moi la tentative
de M. Dujardin vient incontestablement de son
vers. Je veux garder, à un emploi extraordinaire
de la parole qui, pour une ouïe inexperte, se
diluerait, quelquefois, en prose, cette appellation.
Le vers, où sera-t-il? pas en rapport toujours
avec l'artifice des blancs ou comme marque le
livret : tout tronçon n'en procure un, par lui-
même; et, dans la multiple répétition de son jeu
seulement, je saisis l'ensemble métrique nécessaire. Ce tissu transformable et ondoyant pour
que, sur tel point, afflue le luxe essentiel à la
versification où, par places, il s'espace et se dissémine, précieusement convient à l'expression verbale en scène : un bonheur, davantage; je touche
à quelque instinct. Voici les rimes dardées sur
de brèves tiges, accourir, se répondre, tourbil-
lonner, coup sur coup, en commandant par une
insistance à part et exclusive l'attention à tel
motif de sentiment, qui devient nœud capital.
Les moyens traditionnels notoires se précipitent
ici, là, évanouis par nappes, afin de se résumer, en un jet, d'altitude extrême. Aisément, on

parlera d'un recours à la facture wagnérienne ;
plutôt tout peut se limiter chez nous. Dans l'intervalle que traverse la poésie française, attendu
que c'était l'heure, certes et tout au moins, de
lui accorder ce loisir, il me semble jusqu'à l'évidence que les effets anciens et parfaits, pièce
à pièce par M. Dujardin, comme par aucun,
démontés et rangés selon l'ordre, se soient,
chez lui, très spontanément retrempés en vertu
de leurs sympathies d'origine, pour y improviser
quelque état ingénu ; et je me plais à rester sur
cette explication qui désigne un cas rythmique
mémorable.

Tout, la polyphonie magnifique instrumentale,
le vivant geste ou les voix des personnages et de
dieux, au surplus un excès apporté à la décoration matérielle, nous le considérons, dans le
triomphe du génie, avec Wagner, éblouis par
une telle cohésion, ou un art, qui aujourd'hui
devient la poésie : or va-t-il se faire que le traditionnel écrivain de vers, celui qui s'en tient
aux artifices humbles et sacrés de la parole, tente,
selon sa ressource unique subtilement élue, de
rivaliser! Oui, en tant qu'un opéra sans accompagnement ni chant, mais parlé; maintenant
le livre essaiera de suffire, pour entr'ouvrir la
scène intérieure et en chuchoter les échos. Un

ensemble versifié convie à une idéale représentation : des motifs d'exaltation ou de songe s'y
nouent entre eux et se détachent, par une ordonnance et leur individualité. Telle portion incline
dans un rythme ou mouvement de pensée, à
quoi s'oppose tel contradictoire dessin : l'un et
l'autre, pour aboutir et cessant, où interviendrait
plus qu'à demi comme sirènes confondues par
la croupe avec le feuillage et les rinceaux d'une
arabesque, la figure, que demeure l'idée. Un
théâtre, inhérent à l'esprit, quiconque d'un œil
certain regarda la nature le porte avec soi,
résumé de types et d'accords; ainsi que les confronte le volume ouvrant des pages parallèles.
Le précaire recueil d'inspiration diverse, c'en
est fait; ou du hasard, qui ne doit, et pour sous-
entendre le parti pris, jamais qu'être simulé.
Symétrie, comme elle règne en tout édifice, le
plus vaporeux, de vision et de songes. La jouissance vaine cherchée par feu le Rêveur-roi de
Bavière dans une solitaire présence aux déploiements scéniques, la voici, à l'écart de la foule
baroque moins que sa vacance aux gradins,
atteinte par le moyen ou restaurer le texte, nu,
du spectacle. Avec deux pages et leurs vers, je
supplée, puis l'accompagnement de tout moi-
même, au monde! ou j'y perçois, discret, le drame.

Cette moderne tendance soustraire à toutes

contingences de la représentation, grossières ou
même exquises jusqu'à présent, l'œuvre par excellence ou poésie, régit de très strictes intelligences, celle, en premier lieu, de M. de Régnier
ainsi que le suggère une vue de ses *Poèmes*.
Installer, par la convergence de fragments har-
moniques à un centre, là même, une source de
drame latente qui reflue à travers le poème,
désigne la manière et j'admire, pas moins, le
jeu où insista M. Ferdinand Herold, il octroie
l'action ouvertement et sans réticence : acteurs
le port noté par la déclamation, ou le site, des
chants, toute une multiple partition avec l'intègre
discours.

Autre, l'art de M. Maeterlinck qui, aussi,
inséra le théâtre au livre!

Non cela symphoniquement comme il vient
d'être dit, mais avec une expresse succession
de scènes, à la Shakespeare; il y a lieu, en
conséquence, de prononcer ce nom quoique ne
se montre avec le dieu aucun rapport, sauf de
nécessaires. M. Octave Mirbeau qui sauvegarde
certainement l'honneur de la presse en faisant
que toujours y ait été parlé ne fût-ce qu'une
fois, par lui, avec quel feu, de chaque œuvre
d'exception, voulant éveiller les milliers d'yeux
soudain, eut raison, à l'apparition d'invoquer
Shakespeare, comme un péremptoire signe

littéraire, énorme; puis il nuança son dire de
sens délicats.

Lear, Hamlet lui-même et Cordélie, Ophélie,
je cite des héros reculés très avant dans la
légende ou leur lointain spécial, agissent en
toute vie, tangibles, intenses : lus, ils froissent
la page, pour surgir, corporels. Différente j'en-
visageai la *Princesse Maleine*, une après-midi
de lecture restée l'ingénue et étrange que je
sache; où domina l'abandon, au contraire, d'un
milieu à quoi, pour une cause, rien de simplement humain ne convenait. Les murs, un
massif arrêt de toute réalité, ténèbres, basalte,
en le vide d'une salle — les murs, plutôt de
quelque épaisseur isolées les tentures, vieillies
en la raréfaction locale; pour que leurs hôtes
déteints avant d'y devenir les trous, étirant,
une tragique fois, quelque membre de douleur
habituel, et même souriant, balbutiassent ou
radotassent, seuls, la phrase de leur destin.
Tandis qu'au serment du spectateur vulgaire,
il n'aurait existé personne ni rien ne se serait
passé, sur ces dalles. Bruges, Gand, terroir de
primitifs, désuétude.. on est loin, par ces fantômes, de Shakespeare.

Pelléas et Mélisande sur une scène exhale, de feuil-

lets, le délice. Préciser? Ces tableaux, brefs, suprêmes : quoi que ce soit a été rejeté de prépara-
toire et machinal, en vue que paraisse, extrait,
ce qui chez un spectateur se dégage de la représentation, l'essentiel. Il semble que soit jouée une
variation supérieure sur l'admirable vieux mélodrame. Silencieusement presque et abstraitement au point que dans cet art, où tout
devient musique dans le sens propre, la partie
d'un instrument même pensif, violon, nui-
rait, par inutilité. Peut-être que si tacite atmosphère inspire à l'angoisse qu'en ressent l'auteur
ce besoin souvent de proférer deux fois les
choses, pour une certitude qu'elles l'aient été et
leur assurer, à défaut de tout, la conscience de
l'écho. Sortilège fréquent, autrement inexplicable, entre cent; qu'on nommerait à tort
procédé.

Le Poëte, je reviens au motif, hors d'occasions
prodigieuses comme un Wagner, éveille, par
l'écrit, l'ordonnateur de fêtes en chacun; ou,
convoque-t-il le public, une authenticité de son
intime munificence éclate avec charme.

SOLENNITE

Mais où point, je l'exhibe avec dandysme, mon incompétence, sur autre chose que l'absolu, c'est le doute qui d'abord abominer, un intrus, apportant sa marchandise différente de l'extase et du faste ou le prêtre vain qui endosse un néant d'insignes pour, cependant, officier.

Avec l'impudence de faits divers en trompe-l'œil emplir le théâtre et exclure la Poésie, ses jeux sublimités (espoir toujours chez un specta-teur) ne me semble besogne pire que la montrer en tant que je ne sais quoi de spécial au bâille-ment : ou instaurer cette déité dans tel appareil balourd et vulgaire est peut-être méritoire à l'égal de l'omettre.

La chicane, la seule que j'oppose à tout faux temple, vainement s'appelât-il Odéon, n'est pas qu'il tienne pour une alternative plutôt que l'autre, la sienne va à ses pseudo-attributions et dépend d'une architecture : mais fronton d'un culte factice, entretenant une vestale pour alimenter sur un trépied à pharmaceutique flamme *le grand art quand même!* de recourir méticuleusement et sans se tromper à la mixture conservant l'inscription quelconque *Ponsard* comme à quelque chose de fondamental et de vrai. Un déni de justice à l'an qui part ou commence, ici s'affirme, en tant que la constatation, où je ne vois sans déplaisir mettre un cachet national, que le présent soit infécond en produits identiques, comme portée et vertu par exemple, c'est-à-dire à combler avec ce qui simule exister le vide de ce qu'il n'y a pas. Au contraire, en mes Notes d'abord, nous sommes aux grisailles et vous n'aviez, prêtresse d'une crypte froide, pas à mettre la main sur une des fioles avisées qui se parent en naissant, une fois pour toutes par économie, de la poussière de leur éternité. Ce Ponsard, plus qu'aucun, n'agite mon fiel, si ce n'est que, sa gloire vient de là, il paya d'effronterie inouïe, hasardée, extravagante et presque belle en persuadant à une clique, qu'il représentait, dans le manque de tout éclat, au théâtre la Poésie, quand en resplendissait le dieu. Je l'admire pour cela, avoir sous-entendu Hugo,

dont il dut, certes, s'apercevoir, à ce point que
né humble, infirme et sans ressources, il joua
l'obligation de frénétiquement surgir faute de
quelqu'un ; et se contraignit après tout à des
efforts qui sont d'un vigoureux carton. Malice un
peu ample, et drôle! dont nous sommes plusieurs nous souvenant ; mais en commémoration
de quoi il n'importe de tout à coup sommer
la génération nouvelle. Combien, à part moi
au contraire ayant l'âme naïve et juste, je
nourris de prédilection, sans désirer qu'on les
ravive au détriment d'aucun contemporain, pour
les remplaçants authentiques du Poëte qui encourent notre sourire, ou le leur peut-être s'ils en
feignent un, à seule fin pudiquement de nier, au
laps d'extinction totale du lyrisme, — comme les
Luce de Lancival, Campistron ou d'autres ombres
— cette vacance néfaste : ils ont, à ce qu'était leur
âme, ajusté pour vêtement une guenille usée jusqu'aux procédés et à la ficelle plutôt que d'avouer
le voile de la Déesse en allé dans une déchirure
immense ou le deuil. Ces larves demeureront
touchantes et je m'apitoie à l'égal sur leur descendance pareille à des gens qui garderaient
l'honneur d'autels résumés en le désespoir de
leurs poings fermés aussi par somnolence. Tous,
instructifs, avant que grotesques, imitateurs
ou devanciers, d'un siècle ils reçoivent, en
manière de sacré dépôt et le transmettent à
un autre, ce qui précisément n'est pas, ou, si

c'était, mieux vaudrait ne pas le savoir! un
résidu de l'art, axiomes, formule, rien.

Un soir vide de magnificence ou de joie j'ou-
vrais, en quête de compensation, le radieux
écrit *Le Forgeron* pour y apprendre de solitaires
vérités.

Que tout poème composé autrement qu'en vue
d'obéir au vieux génie du vers, n'en est pas un..
On a pu, antérieurement à l'invitation de la rime
ici extraordinaire parce qu'elle ne fait qu'un avec
l'alexandrin qui, dans ses poses et la multiplicité
de son jeu, semble par elle dévoré tout entier
comme si cette fulgurante cause de délice y
triomphait jusqu'à l'initiale syllabe; avant le heurt
d'aile brusque et l'emportement, on a pu, cela est
même l'occupation de chaque jour, posséder et
établir une notion du concept à traiter, mais
indéniablement pour l'oublier dans sa façon ordinaire et se livrer ensuite à la seule dialectique
du Vers. Lui en rival jaloux, auquel le songeur
cède la maîtrise, il ressuscite au degré glorieux
ce qui, tout sûr, philosophique, imaginatif et
éclatant que ce fût, comme dans le cas présent,
une vision céleste de l'humanité! ne resterait, à

son défaut que les plus beaux discours émanés
de quelque bouche. A travers un nouvel état,
sublime, il y a recommencement des conditions
ainsi que des matériaux de la pensée sis natu-
rellement pour un devoir de prose : comme des
vocables, eux-mêmes, après cette différence et
l'essor au delà, atteignant leur vertu.

Personne, ostensiblement, depuis qu'étonna le
phénomène poétique, ne le résume avec audacieuse candeur que peut-être cet esprit immédiat
ou originel, Théodore de Banville et l'épuration,
par les ans, de son individualité en le vers,
le désigne aujourd'hui un être à part, supérieur
et buvant tout seul à une source occulte et éternelle : car rajeuni dans le sens admirable par quoi
l'enfant est plus près de rien et limpide, autre-
chose d'abord que l'enthousiasme le lève à
des ascensions continues ou que le délire commun aux lyriques : hors de tout souffle perçu
grossier, virtuellement la juxtaposition entre eux
des mots appareillés d'après une métrique absolue
et réclamant de quelqu'un, le poëte dissimulé
ou chaque lecteur, la voix modifiée suivant
une qualité de douceur ou d'éclat, pour chanter.

Ainsi lancé de soi le principe qui n'est ——
que le Vers! attire non moins que dégage pour
son épanouissement (l'instant qu'ils y brillent
et meurent dans une fleur rapide, sur quel-

que transparence comme d'éther) les mille éléments de beauté pressés d'accourir et de s'ordonner dans leur valeur essentielle. Signe! au
gouffre central d'une spirituelle impossibilité que
rien soit exclusivement à tout, le numérateur
divin de notre apothéose, quelque suprême
moule qui n'ayant pas lieu en tant que d'aucun
objet qui existe : mais il emprunte, pour y aviver
un sceau tous gisements épars, ignorés et flottants selon quelque richesse, et les forger.

Voilà, constatation à quoi je glisse, comment,
dans notre langue, les vers ne vont que par
deux ou à plusieurs, en raison de leur accord
final, soit la loi mystérieuse de la Rime, qui se
révèle avec la fonction de gardienne et d'empêcher qu'entre tous, un usurpe, ou ne demeure
péremptoirement : en quelle pensée fabriqué
celui-là! peu m'importe, attendu que sa matière
discutable aussitôt, gratuite, ne produirait de
preuve à se tenir dans un équilibre momentané
et double à la façon du vol, identité de deux fragments constitutifs remémorée extérieurement par
une parité dans la consonance(').

(') Là est la suprématie de modernes vers sur ceux
antiques formant un tout et ne rimant pas ; qu'emplissait
une bonne fois le métal employé à les faire, au lieu
qu'ils le prennent, le rejettent, deviennent, procèdent
musicalement : en tant que stance ou le Distique.

Chaque page de la brochure annonce et jette haut comme des traits d'or vibratoire ces saintes règles du premier et dernier des Arts. Spectacle intellectuel qui me passionne : l'autre, tiré de l'affabulation ou le prétexte, lui est comparable.

Vénus, du sang de l'Amour issue, aussitôt convoitée par les Olympiens et Jupiter : sur l'ordre de qui, vierge ni à tous, afin de réduire ses ravages elle subira la chaîne de l'hymen avec Vulcain, ouvrier latent des chefs-d'œuvre, que la femme ou beauté humaine, les synthétisant, récompense par son choix (il faut en le moins de mots à côté, vu que les mots sont la substance même employée ici à l'œuvre d'art, en dire l'argument).

Quelle représentation ! le monde y tient ; un livre, dans notre main, s'il énonce quelque idée auguste, supplée à tous les théâtres, non par l'oubli qu'il en cause mais les rappelant impérieusement, au contraire. Le ciel métaphorique qui se propage à l'entour de la foudre du vers, artifice par excellence au point de simuler peu à peu et d'incarner les héros (juste dans ce qu'il faut apercevoir pour n'être pas gêné de leur présence, un trait) ; ce spirituellement et magnifiquement illuminé fond d'extase, c'est bien le pur de nous-mêmes par nous porté, toujours, prêt à jaillir à l'occasion qui dans l'existence ou hors l'art fait toujours défaut. Musique, certes, que l'instrumentation d'un orchestre tend à reproduire seulement et à feindre. Admirez dans sa toute-puissante simplicité ou foi en le moyen vulgaire et supérieur, l'élocution, puis la métrique qui l'affine à une expression dernière, comme quoi un esprit, réfugié au nombre de plusieurs feuillets, défie la civilisation négligeant de construire à son rêve, afin qu'elles aient lieu, la Salle prodigieuse et la Scène. Le mime absent et finales ou préludes aussi par les bois, les cuivres et les cordes, cet esprit, placé au delà des circonstances, attend l'accompagnement obligatoire d'arts ou s'en passe. Seul venu à l'heure parce que l'heure est sans cesse aussi bien que jamais, à la façon d'un messager, du geste il apporte le livre ou sur ses lèvres, avant que de s'effacer ; et celui qui retint l'éblouissement général, le multiplie chez tous, du fait de la communication.

La merveille d'un haut poème comme ici me semble que, naissent des conditions pour en autoriser le déploiement visible et l'interprétation, d'abord il s'y prêtera et ingénument au besoin ne remplace tout que faute de tout. J'imagine que la cause de s'assembler, dorénavant, en vue de fêtes inscrites au programme humain, ne sera pas le théâtre, borné ou inca-

20

pable tout seul de répondre à de très subtils
instincts, ni la musique du reste trop fuyante
pour ne pas décevoir la foule : mais à soi fondant
ce que ces deux isolent de vague et de brutal.
l'Ode, dramatisée ou coupée savamment : ces
scènes héroïques une ode à plusieurs voix.

Oui, le culte promis à des cérémonials, songez
quel il peut être, réfléchissez ! simplement l'ancien
ou de tous temps, que l'afflux, par exemple, de la
symphonie récente des concerts a cru mettre
dans l'ombre, au lieu que l'affranchir, installé
mal sur les planches et l'y faire régner.

Chez Wagner, même, qu'un poëte, le plus
superbement français, console de n'invoquer
au long ici, je ne perçois, dans l'acception
stricte, le théâtre (sans conteste on retrouvera
plus, au point de vue dramatique, dans la Grèce
ou Shakespeare), mais la vision légendaire qui
suffit sous le voile des sonorités et s'y mêle : ni
sa partition du reste, comparée à du Beethoven
ou du Bach, n'est, seulement, la musique.
Quelque chose de spécial et complexe résulte : aux
convergences des autres arts située, issue d'eux
et les gouvernant, la Fiction ou Poésie.

Une œuvre du genre de celle qu'octroie en

pleine sagesse et vigueur notre Théodore de Banville est littéraire dans l'essence, mais ne se replie
pas toute au jeu du mental instrument par excellence, le livre! Que l'acteur insinué dans l'évidence des attitudes prosodiques y adapte son
verbe, et vienne parmi les repos de la somptuo-
sité orchestrale qui traduirait les rares lignes en
prose précédant de pierreries et de tissus, étalés
mieux qu'au regard, chaque scène comme un
décor ou un site certainement idéals, cela pour
diviniser son approche de personnage appelé à ne
déjà que transparaître à travers le recul fait par
l'amplitude ou la majesté du lieu! j'affirme que,
sujet le plus fier et comme un aboutissement à
l'ère moderne, esthétique et industrielle, de tout
le jet forcément par la Renaissance limité à la
trouvaille technique ; et clair développement
grandiose et persuasif! cette récitation, car il faut
bien en revenir au terme quand il s'agit de
vers, charmera, instruira, malgré l'origine classique mais envolée en leur type des dieux (en som-
mes-nous plus loin, maintenant, en fait d'invention mythique?) et par-dessus tout émerveillera
le Peuple ; en tous cas rien de ce que l'on sait ne
présente autant le caractère de texte pour des
réjouissances ou fastes officiels dans le vieux
goût et contemporain : comme l'Ouverture d'un
Jubilé, notamment de celui au sens figuratif qui,
pour conclure un cycle de l'Histoire, me semble
exiger le ministère du Poëte.

CRISE DE VERS

CRISE DE VERS

Tout à l'heure, en abandon de geste, avec la lassitude que cause le mauvais temps, désespérant une après l'autre après-midi, je fis retomber, sans une curiosité mais ce lui semble avoir lu tout voici vingt ans, l'effilé de multicolores perles qui plaque la pluie, encore, au chatoiement des brochures dans la bibliothèque. Maint ouvrage, sous la verroterie du rideau, alignera sa propre scintillation : j'aime comme en le ciel mûr, contre la vitre, à suivre des lueurs d'orage.

Notre phase, récente, sinon se ferme, prend arrêt ou peut-être conscience : certaine attention dégage la créatrice et relativement sûre volonté.

Même la presse, dont l'information veut les

vingt ans, s'occupe du sujet, tout à coup, à date
exacte.

La littérature ici subit une exquise crise, fon-
damentale.

Qui accorde à cette fonction une place ou la
première, reconnaît, là, le fait d'actualité : on
assiste, comme finale d'un siècle, pas ainsi que
ce fut dans le dernier, à des bouleversements;
mais, hors de la place publique, à une inquiétude
du voile dans le temple avec des plis significatifs
et un peu sa déchirure.

Un lecteur français, ses habitudes interrompues
à la mort de Victor Hugo, ne peut que se décon-
certer. Hugo, dans sa tâche mystérieuse, rabattit
toute la prose, philosophie, éloquence, histoire
au vers, et, comme il était le vers personnellement, il confisqua chez qui pense, discourt ou
narre, presque le droit à s'énoncer. Monument en
ce désert, avec le silence loin; dans une crypte,
la divinité ainsi d'une majestueuse idée inconsciente, à savoir que la forme appelée vers est
simplement elle-même la littérature; que vers il
y a sitôt que s'accentue la diction, rythme dès

que style. Le vers, je crois, avec respect atten-
dit que le géant qui l'identifiait à sa main tenace
et plus ferme toujours de forgeron, vint à manquer ; pour, lui, se rompre. Toute la langue, ajus-
tée à la métrique, y recouvrant ses coupes vitales,
s'évade, selon une libre disjonction aux mille éléments simples ; et, je l'indiquerai, pas sans similitude avec la multiplicité des cris d'une orchestration, qui reste verbale.

La variation date de là : quoique en dessous et
d'avance inopinément préparée par Verlaine, si
fluide, revenu à de primitives épellations.

Témoin de cette aventure, où l'on me voulut un
rôle plus efficace quoiqu'il ne convient à personne, j'y dirigeai, au moins, mon fervent intérêt ; et il se fait temps d'en parler, préférablement
à distance ainsi que ce fut presque anonyme.

Accordez que la poésie française, en raison de la
primauté dans l'enchantement donnée à la rime,
pendant l'évolution jusqu'à nous, s'atteste inter-
mittente : elle brille un laps ; l'épuise et attend.
Extinction, plutôt usure à montrer la trame,
redites. Le besoin de poétiser, par oppositon à
des circonstances variées, fait, maintenant, après

un des orgiaques excès périodiques de presque
un siècle comparable à l'unique Renaissance, ou
le tour s'imposant de l'ombre et du refroidisse-
ment, pas du tout! que l'éclat diffère, continue :
la retrempe, d'ordinaire cachée, s'exerce publiquement, par le recours à de délicieux à peu
près.

Je crois départager, sous un aspect triple, le
traitement apporté au canon hiératique du vers :
en graduant.

Cette prosodie, règles si brèves, intraitable
d'autant : elle notifie tel acte de prudence,
dont l'hémistiche, et statue du moindre effort
pour simuler la versification, à la manière
des codes selon quoi s'abstenir de voler est la
condition par exemple de droiture. Juste ce qu'il
n'importe d'apprendre ; comme ne pas l'avoir
deviné par soi et d'abord, établit l'inutilité de s'y
contraindre.

Les fidèles à l'alexandrin, notre hexamètre,
desserrent intérieurement ce mécanisme rigide et
puéril de sa mesure ; l'oreille, affranchie d'un
compteur factice, connaît une jouissance à discerner, seule, toutes les combinaisons possibles,
entre eux, de douze timbres.

Juger le goût très moderne.

Un cas, aucunement le moins curieux, intermédiaire ; — que le suivant.

Le poëte d'un tact aigu qui considère cet alexandrin toujours comme le joyau définitif, mais à
ne sortir, épée, fleur, que peu et selon quelque
motif prémédité, y touche comme pudiquement
ou se joue à l'entour, il en octroie de voisins
accords, avant de le donner superbe et nu : laissant son doigte défaillir contre la onzième syllabe
ou se propager jusqu'à une treizième maintes fois.
M. Henri de Régnier excelle à ces accompagne-
ments, de son invention, je sais, discrète et fière
comme le génie qu'il instaura et révélatrice du
trouble transitoire chez les exécutants devant
l'instrument héréditaire. Autre chose ou simplement le contraire, se décèle une mutinerie,
exprès, en la vacance du vieux moule fatigué,
quand Jules Laforgue, pour le début, nous
initia au charme certain du vers faux.

Jusqu'à présent, ou dans l'un et l'autre des
modèles précités, rien, que réserve et abandon, à
cause de la lassitude par abus de la cadence
nationale ; dont l'emploi, ainsi que celui du dra-
peau, doit demeurer exceptionnel. Avec cette
particularité toutefois amusante que des infrac-
tions volontaires ou de savantes dissonances
en appellent à notre délicatesse, au lieu que se
fût, il y a quinze ans à peine, le pédant, que nous

demeurions, exaspéré, comme devant quelque
sacrilège ignare ! Je dirai que la réminiscence du
vers strict hante ces jeux à côté et leur confère
un profit.

Toute la nouveauté s'installe, relativement au
vers libre, pas tel que le xviie siècle l'attribua à
la fable ou l'opéra (ce n'était qu'un agencement,
sans la strophe, de mètres divers notoires)
mais, nommons-le, comme il sied, « polymor-
phe » : et envisageons la dissolution maintenant
du nombre officiel, en ce qu'on veut, à l'infini,
pourvu qu'un plaisir s'y réitère. Tantôt une
euphonie fragmentée selon l'assentiment du lecteur intuitif, avec une ingénue et précieuse justesse — naguère M. Moréas; ou bien un geste,
alangui, de songerie, sursautant, de passion,
qui scande — M. Vielé-Griffin; préalablement
M. Kahn avec une très savante notation de la
valeur tonale des mots. Je ne donne de noms, il
en est d'autres typiques, ceux de MM. Charles
Morice, Verhaeren, Dujardin, Mockel et tous,
que comme preuve à mes dires ; afin qu'on se
reporte aux publications.

Le remarquable est que, pour la première fois,
au cours de l'histoire littéraire d'aucun peuple,
concurremment aux grandes orgues générales et
séculaires, où s'exalte, d'après un latent clavier,
l'orthodoxie, quiconque avec son jeu et son

ouïe individuels se peut composer un instrument, dès qu'il souffle, le frôle ou frappe avec science; en user à part et le dédier aussi à la Langue.

Une haute liberté d'acquise, la plus neuve : je ne vois, et ce reste mon intense opinion, effacement de rien qui ait été beau dans le passé, je demeure convaincu que dans les occasions amples on obéira toujours à la tradition solennelle, dont la prépondérance relève du génie classique : seulement, quand n'y aura pas lieu, à cause d'une sentimentale bouffée ou pour un récit, de déranger les échos vénérables, on regardera à le faire. Toute âme est une mélodie, qu'il s'agit de renouer; et pour cela, sont la flûte ou la viole de chacun.

Selon moi jaillit tard une condition vraie ou la possibilité, de s'exprimer non seulement, mais de se moduler, à son gré.

Les langues imparfaites en cela que plusieurs, manque la suprême : penser étant écrire sans accessoires, ni chuchotement mais tacite encore l'immortelle parole, la diversité, sur terre, des idiomes empêche personne de proférer les

mots qui, sinon se trouveraient, par une frappe
unique, elle-même matériellement la vérité.
Cette prohibition sévit expresse, dans la nature
(on s'y bute avec un sourire) que ne vaille de
raison pour se considérer Dieu; mais, sur
l'heure, tourné à de l'esthétique, mon sens regrette que le discours défaille à exprimer les
objets par des touches y répondant en coloris ou
en allure, lesquelles existent dans l'instrument de
la voix, parmi les langages et quelquefois chez
un. A côté d'*ombre*, opaque, *ténèbres* se fonce peu;
quelle déception, devant la perversité conférant à
jour comme à *nuit*, contradictoirement, des timbres
obscur ici, là clair. Le souhait d'un terme de
splendeur brillant, ou qu'il s'éteigne, inverse;
quant à des alternatives lumineuses simples
— *Seulement*, sachons *n'existerait pas le vers* : lui,
philosophiquement rémunère le défaut des langues, complément supérieur.

Arcane étrange; et, d'intentions pas moindres, a
jailli la métrique aux temps incubatoires.

Qu'une moyenne étendue de mots, sous la
compréhension du regard, se range en traits défi-
nitifs, avec quoi le silence.

Si, au cas français, invention privée ne surpasse
le legs prosodique, le déplaisir éclaterait, cependant, qu'un chanteur ne sût à l'écart et au gré

de pas dans l'infinité des fleurettes, partout où
sa voix rencontre une notation, cueillir.. La tentative, tout à l'heure, eut lieu et, à part des re-
cherches érudites en tel sens encore, accentua-
tion, etc., annoncées, je connais qu'un jeu,
séduisant, se mène avec les fragments de l'ancien vers reconnaissables, à l'éluder ou le
découvrir, plutôt qu'une subite trouvaille, du
tout au tout, étrangère. Le temps qu'on desserre
les contraintes et rabatte le zèle, où se faussa
l'école. Très précieusement : mais, de cette libération à supputer davantage ou, pour de bon,
que tout individu apporte une prosodie, neuve,
participant de son souffle — aussi, certes, quelque
orthographe — la plaisanterie rit haut ou inspire le
tréteau des préfaciers. Similitude entre les vers,
et vieilles proportions, une régularité durera parce
que l'acte poétique consiste à voir soudain qu'une
idée se fractionne en un nombre de motifs égaux
par valeur et à les grouper; ils riment : pour
sceau extérieur, leur commune mesure qu'apparente le coup final.

Au traitement, si intéressant, par la versification subi, de repos et d'interrègne, gît, moins

que dans nos circonstances mentales vierges, la crise.

Ouïr l'indiscutable rayon — comme des traits dorent et déchirent un méandre de mélodies: ou la Musique rejoint le Vers pour former, depuis Wagner, la Poésie.

Pas que l'un ou l'autre élément ne s'écarte, avec avantage, vers une intégrité à part triomphant, en tant que concert muet s'il n'articule et le poème, énonciateur : de leurs communauté et retrempe, éclaire l'instrumentation jusqu'à l'évidence sous le voile, comme l'élocution descend au soir des sonorités. Le moderne des météores, la symphonie, au gré ou à l'insu du musicien, approche la pensée ; qui ne se réclame plus seulement de l'expression courante.

Quelque explosion du Mystère à tous les cieux de son impersonnelle magnificence, où l'orchestre ne devait pas ne pas influencer l'antique effort qui le prétendit longtemps traduire par la bouche seule de la race.

Indice double conséquent —

Décadente, Mystique, les Écoles se décla-
rant ou étiquetées en hâte par notre presse
d'information, adoptent, comme rencontre, le
point d'un Idéalisme qui (pareillement aux fugues,
aux sonates) refuse les matériaux naturels et,
comme brutale, une pensée exacte les ordonnant :
pour ne garder de rien que la suggestion. Instituer une relation entre les images exacte, et que
s'en détache un tiers aspect fusible et clair présenté à la divination.. Abolie, la prétention,
esthétiquement une erreur, quoiqu'elle régit
les chefs-d'œuvre, d'inclure au papier subtil
du volume autre chose que par exemple l'horreur de la forêt, ou le tonnerre muet épars au
feuillage : non le bois intrinsèque et dense des
arbres. Quelques jets de l'intime orgueil véridiquement trompetés éveillent l'architecture du
palais, le seul habitable; hors de toute pierre, sur
quoi les pages se refermeraient mal.

« Les monuments, la mer, la face humaine,
dans leur plénitude, natifs, conservant une
vertu autrement attrayante que ne les voi-
lera une description, évocation dites, *allusion*
je sais, *suggestion* : cette terminologie quelque
peu de hasard atteste la tendance, une très déci-
sive, peut-être, qu'ait subie l'art littéraire, elle le
borne et l'exempte. Son sortilège, à lui, si ce
n'est libérer, hors d'une poignée de poussière ou
réalité sans l'enclore, au livre, même comme

21.

texte, la dispersion volatile soit l'esprit, qui n'a
que faire de rien outre la musicalité de tout (*). »

Parler n'a trait à la réalité des choses que
commercialement : en littérature, cela se contente
d'y faire une allusion ou de distraire leur qualité
qu'incorporera quelque idée.

A cette condition s'élance le chant, qu'une joie
allégée.

Cette visée, je la dis Transposition — Structure, une autre.

L'œuvre pure implique la disparition élocutoire du poëte, qui cède l'initiative aux mots, par
le heurt de leur inégalité mobilisés ; ils s'allument
de reflets réciproques comme une virtuelle traînée
de feux sur des pierreries, remplaçant la respira-
tion perceptible en l'ancien souffle lyrique ou la
direction personnelle enthousiaste de la phrase.

Une ordonnance du livre de vers poind innée
ou partout, élimine le hasard ; encore la faut-il.

(*) La Musique et les Lettres, extrait.

pour omettre l'auteur : or, un sujet, fatal, implique, parmi les morceaux ensemble, tel accord quant à la place, dans le volume, qui correspond. Susceptibilité en raison que le cri possède un écho — des motifs de même jeu s'équilibreront, balancés, à distance, ni le sublime incohérent de la mise en page romantique ni cette unité artificielle, jadis, mesurée en bloc au livre. Tout devient suspens, disposition fragmentaire avec alternance et vis-à-vis, concourant au rythme total, lequel serait le poème tu, aux blancs ; seulement traduit, en une manière, par chaque pendentif. Instinct, je veux, entrevu à des publications et, si le type supposé, ne reste pas exclusif de complémentaires, la jeunesse, pour cette fois, en poésie où s'impose une foudroyante et harmonieuse plénitude, bégaya le magique concept de l'OEuvre. Quelque symétrie, parallèlement, qui, de la situation des vers en la pièce se lie à l'authenticité de la pièce dans le volume, vole, outre le volume, à plusieurs inscrivant, eux, sur l'espace spirituel, le paraphe amplifié du génie, anonyme et parfait comme une existence d'art.

Chimère, y avoir pensé atteste, au reflet de ses squames, combien le cycle présent, ou quart dernier de siècle, subit quelque éclair absolu —

dont l'échevèlement d'ondée à mes carreaux
essuie le trouble ruisselant, jusqu'à illuminer
ceci — que, plus ou moins, tous les livres, contiennent la fusion de quelques redites comptées :
même il n'en serait qu'un — au monde, sa loi —
bible comme la simulent des nations. La différence, d'un ouvrage à l'autre, offrant autant de
leçons proposées dans un immense concours
pour le texte véridique, entre les âges dits civilisés ou — lettrés.

Certainement, je ne m'assieds jamais aux gradins des concerts, sans percevoir parmi l'obscure
sublimité telle ébauche de quelqu'un des poèmes
immanents à l'humanité ou leur originel état,
d'autant plus compréhensible que tu et que
pour en déterminer la vaste ligne le compositeur
éprouva cette facilité de suspendre jusqu'à la
tentation de s'expliquer. Je me figure par un in-
déracinable sans doute préjugé d'écrivain, que
rien ne demeurera sans être proféré : que nous en
sommes là, précisément, à rechercher, devant
une brisure des grands rythmes littéraires (il en
a été question plus haut) et leur éparpillement en
frissons articulés proches de l'instrumentation, un
art d'achever la transposition, au Livre, de la
symphonie ou uniment de reprendre notre bien :

car, ce n'est pas de sonorités élémentaires par les cuivres, les cordes, les bois, indéniablement mais de l'intellectuelle parole à son apogée que doit avec plénitude et évidence, résulter, en tant que l'ensemble des rapports existant dans tout, la Musique.

Un désir indéniable à mon temps est de séparer comme en vue d'attributions différentes le
double état de la parole, brut ou immédiat ici, là
essentiel.

Narrer, enseigner, même décrire, cela va et
encore qu'à chacun suffirait peut-être pour échanger la pensée humaine, de prendre ou de mettre
dans la main d'autrui en silence une pièce de
monnaie, l'emploi élémentaire du discours dessert
l'universel *reportage* dont, la littérature exceptée,
participe tout entre les genres d'écrits contemporains.

À quoi bon la merveille de transposer un fait
de nature en sa presque disparition vibratoire
selon le jeu de la parole, cependant; si ce n'est
pour qu'en émane, sans la gêne d'un proche ou
concret rappel, la notion pure.

Je dis : une fleur ! et, hors de l'oubli où ma
voix relègue aucun contour, en tant que quelque
chose d'autre que les calices sus, musicalement
se lève, idée même et suave, l'absente de tous
bouquets.

Au contraire d'une fonction de numéraire facile
et représentatif, comme le traite d'abord la foule,
le dire, avant tout, rêve et chant, retrouve chez
le Poëte, par nécessité constitutive d'un art con-
sacré aux fictions, sa virtualité.

Le vers qui de plusieurs vocables refait un mot
total, neuf, étranger à la langue et comme incantatoire, achève cet isolement de la parole : niant,
d'un trait souverain, le hasard demeuré aux
termes malgré l'artifice de leur retrempe alternée
en le sens et la sonorité, et vous cause cette surprise de n'avoir ouï jamais tel fragment ordinaire
d'élocution, en même temps que la réminiscence
de l'objet nommé baigne dans une neuve atmosphère.

QUANT AU LIVRE

L'ACTION RESTREINTE

Plusieurs fois vint un Camarade, le même, cet autre, me confier le besoin d'agir : que visait-il — comme la démarche à mon endroit annonça de sa part, aussi, à lui jeune, l'occupation de créer, qui paraît suprême et réussir avec des mots ; j'insiste, qu'entendait-il expressément ?

Se détendre les poings, en rupture de songe sédentaire, pour un trépignant vis-à-vis avec l'idée, ainsi qu'une envie prend ou bouger : mais la génération semble peu agitée, outre le désintéressement politique, du souci d'extravaguer du corps. Excepté la monotonie, certes, d'enrouler, entre les jarrets, sur la chaussée, selon l'instrument en faveur, la fiction d'un éblouissant rail continu.

Agir, sans ceci et pour qui n'en fait commen-

cer l'exercice à fumer, signifia, visiteur, je te
comprends, philosophiquement, produire sur
beaucoup un mouvement qui te donne en retour l'émoi que tu en fus le principe, donc
existes : dont aucun ne se croit, au préalable,
sûr. Cette pratique entend deux façons ; ou, par
une volonté, à l'insu, qui dure une vie, jusqu'à
l'éclat multiple — penser, cela : sinon, les
déversoirs à portée maintenant dans une prévoyance, journaux et leur tourbillon, y déterminer une force en un sens, quelconque de divers
contrariée, avec l'immunité du résultat nul.

Au gré, selon la disposition, plénitude, hâte.

Ton acte toujours s'applique à du papier : car
méditer, sans traces, devient évanescent, ni que
s'exalte l'instinct en quelque geste véhément et
perdu que tu cherchas.

Écrire —

L'encrier, cristal comme une conscience, avec
sa goutte, au fond, de ténèbres relative à ce que
quelque chose soit : puis, écarte la lampe.

Tu remarquas, on n'écrit pas, lumineusement,
sur champ obscur, l'alphabet des astres, seul,
ainsi s'indique, ébauché ou interrompu ; l'homme
poursuit noir sur blanc.

Ce pli de sombre dentelle, qui retient l'infini, tissé par mille, chacun selon le fil ou prolongement ignoré son secret, assemble des entrelacs distants où dort un luxe à inventorier, stryge, nœud, feuillages et présenter.

Avec le rien de mystère, indispensable, qui demeure, exprimé, quelque peu.

Je ne sais pas si l'Hôte perspicacement circonscrit son domaine d'effort : ce me plaira de le marquer, aussi certaines conditions. Le droit à rien accomplir d'exceptionnel ou manquant aux agissements vulgaires, se paie, chez quiconque, de l'omission de lui et on dirait de sa mort comme un tel. Exploits, il les commet dans le rêve, pour ne gêner personne ; mais encore, le programme en reste-t-il affiché à ceux qui n'ont cure.

L'écrivain, de ses maux, dragons qu'il a choyés, ou d'une allégresse, doit s'instituer, au texte, le spirituel histrion.

Plancher, lustre, obnubilation des tissus et liquéfaction de miroirs, en l'ordre réel, jusqu'aux bonds excessifs de notre forme gazée autour d'un arrêt, sur pied, de la virile stature,

un Lieu se présente, scène, majoration devant
tous du spectacle de Soi : là, en raison des intermédiaires de la lumière, de la chair et des rires
le sacrifice qu'y fait, relativement à sa personnalité, l'inspirateur, aboutit complet ou c'est, dans
une résurrection étrangère, fini de celui-ci : de
qui le verbe répercuté et vain désormais s'exhale
par la chimère orchestrale.

Une salle, il se célèbre, anonyme, dans le héros.

Tout, comme fonctionnement de fêtes : un
peuple témoigne de sa transfiguration en vérité.

Honneur.

Cherchez, où c'est, quelque chose de pareil —

Le reconnaîtra-t-on dans ces immeubles sus-
pects se détachant, par une surcharge en le banal,
du commun alignement, avec prétention à syn-
thétiser les faits divers d'un quartier ; ou, si quelque fronton, d'après le goût divinatoire français,
isole, sur une place, son spectre, je salue. Indifférent à ce qui, ici et là, se débite comme le long
de tuyaux, la flamme aux langues réduites.

Ainsi l'Action, en le mode convenu, littéraire,
ne transgresse pas le Théâtre ; s'y limite à la

représentation — immédiat évanouissement de
l'écrit. Finisse, dans la rue, autre part. cela, le
masque choit, je n'ai pas à faire au poëte : par-
jure ton vers, il n'est doué que de faible pouvoir
dehors, tu préféras alimenter le reliquat d'intri-
gues commises à l'individu. A quoi sert de te
préciser, enfant le sachant, comme moi, qui n'en
conservai notion que par une qualité ou un défaut
d'enfance exclusifs, ce point, que tout, véhicule
ou placement, maintenant offert à l'idéal, y est
contraire — presque une spéculation, sur ta
pudeur, pour ton silence — ou défectueux. pas
direct et légitime dans le sens que tout à l'heure
voulut un élan et vicié. Comme jamais malaise ne
suffit, j'éclairerai, assurément, de digressions
prochaines en le nombre qu'il faudra, cette réci-
proque contamination de l'œuvre et des moyens :
mais auparavant ne convint-il spacieusement de
s'exprimer, ainsi que d'un cigare, par jeux cir-
convolutoires, dont le vague, à tout le moins, se
traçât sur le jour électrique et cru ?

Un délicat a, je l'espère, pâti —

Extérieurement, comme le cri de l'étendue, le
voyageur perçoit la détresse du sifflet. « Sans
doute » il se convain

— *l'époque* — celui, long le dernier, rampant sous
la cité avant la gare toute puissante du virginal
palais central, qui couronne. » Le souterrain
durera, ô impatient, ton recueillement à préparer l'édifice de haut verre essuyé d'un vol de la
Justice.

Le suicide ou abstention, ne rien faire, pourquoi ? — Unique fois au monde, parce qu'en raison d'un événement toujours que j'expliquerai,
il n'est pas de Présent, non — un présent n'existe
pas... Faute que se déclare la Foule, faute — de
tout. Mal informé celui qui se crierait son propre
contemporain, désertant, usurpant, avec impudence égale, quand du passé cessa et que tarde
un futur ou que les deux se remmêlent perplexe-
ment en vue de masquer l'écart. Hors des premier-
Paris chargés de divulguer une foi en le quotidien
néant et inexperts si le fléau mesure sa période à
un fragment, important ou pas, de siècle.

Aussi garde-toi et sois là.

La poésie, sacre : qui essaie, en de chastes crises
isolément, pendant l'autre gestation en train.

Publie.

Le Livre où vit l'esprit satisfait, en cas

de malentendu, un obligé par quelque pureté d'ébat à secouer le gros du moment. Impersonnifié, le volume, autant qu'on s'en sépare comme auteur, ne réclame approche de lecteur. Tel, sache, entre les accessoires humains, il a lieu tout seul : fait, étant. Le sens enseveli se meut et dispose, en chœur, des feuillets.

Loin, la superbe de mettre en interdit, même quant aux fastes, l'instant : on constate qu'un hasard y dénie les matériaux de confrontation à quelques rêves ; ou aide une attitude spéciale.

Toi, Ami, qu'il ne faut frustrer d'années à cause que parallèles au sourd labeur général, le cas est étrange : je te demande, sans jugement, par manque de considérants soudains, que tu traites mon indication comme une folie je ne le défends. rare. Cependant la tempère déjà cette sagesse. ou discernement, s'il ne vaut pas mieux — que de risquer sur un état à tout le moins incomplet environnant, certaines conclusions d'art extrêmes qui peuvent éclater, diamantairement, dans ce temps à jamais, en l'intégrité du Livre — les jouer, mais et par un triomphal renversement, avec l'injonction tacite que rien, pal-

pitant en le flanc inscient de l'heure, aux pages
montré, clair, évident, ne la trouve prête; encore
que n'en soit peut-être une autre où ce doive
illuminer.

ETALAGES

Ainsi pas même ; ce ne fut : naïf, je commençais à m'y complaire. Un semestre a passé l'oubli : et abonde, fleurit, se répand notre production littéraire, comme généralement.

Une nouvelle courut, avec le vent d'automne, le marché et s'en revint aux arbres effeuillés seuls : en tirez-vous un rétrospectif rire, égal au mien ; il s'agissait de désastre dans la librairie, on remémora le terme de « krach » ? Les volumes jonchaient le sol, que ne disait-on, invendus : à cause du public se déshabituant de lire probablement pour contempler à même, sans intermédiaire, les couchers du soleil familiers à la saison et beaux. Triomphe, désespoir, comme à ces ras de ciel, de pair, chez le haut commerce de Lettres ; tant que je soupçonne une réclame jointe à l'effarement, en raison de ceci et je ne saurais pourquoi sinon, que le roman, produit agréé courant, se réclama de l'intérêt comme atteint par la calamité.

Personne ne fit d'allusion aux vers.

Rien omis en cette farce (importance, consultations et gestes) de ce qui signifiait qu'on allait donc être, à la faveur de l'idéal, assimilé aux banquiers déçus, avoir une situation, sujette aux baisses et aux revirements, sur la place : y prendre un pied, presque en le levant.

Non : ce semble que non, vantardise ; il faut en rabattre.

La mentale denrée, comme une autre, indispensable, garde son cours et je rentre d'une matinée, au dehors, de printemps, charmé ainsi que tout citadin par le peu d'ivresse de la rue ; n'ayant, en le trajet, éprouvé, que devant les modernes épiceries ou les cordonneries du livre, un souci mais aigu et que proclame l'architecture demandée, par ces bazars, à la construction de piles ou de colonnades avec leur marchandise.

Le lançage ou la diffusion annuels de la lecture,

jadis l'hiver, avance maintenant jusqu'au seuil
d'été : comme la vitre qui mettait, sur l'acquisition, un froid, a cessé; et l'édition en plein air
crève ses ballots vers la main pour le lointain
gantée, de l'acheteuse prompte à choisir une
brochure, afin de la placer entre ses yeux et
la mer.

Interception, notez —

Ce que pour l'extrême-orient, l'Espagne et de
délicieux illettrés, l'éventail à la différence près
que cette autre aile de papier plus vive : infiniment et sommaire en son déploiement, cache le
site pour rapporter contre les lèvres une muette
fleur peinte comme le mot intact et nul de la
songerie par les battements approché.

Aussi je crois, poëte, à mon dommage, qu'y
inscrire un distique est de trop.

Cet isolateur, avec pour vertu, mobile, de
renouveler l'inconscience du délice sans cause.

Le volume, je désigne celui de récits ou le
genre, procède à l'inverse : contradictoirement

il évite la lassitude donnée par une fréquentation directe d'autrui et multiplie le soin qu'on ne se trouve vis-à-vis ou près de soi-même : attentif au danger double. Expressément, ne nous dégage, ne nous confond et, par oscillation adroite entre cette prosmiscuité et du vide, fournit notre vraisemblance. Artifice, tel roman, comme quoi toute circonstance où se ruent de fictifs contemporains, pour extrême celle-ci ne présente rien, quant au lecteur, d'étranger ; mais recourt à l'uniforme vie. Ou, l'on ne possède que des semblables, aussi parmi les êtres qu'il y a lieu, en lisant, d'imaginer. Avec les caractères initiaux de l'alphabet, dont chaque comme touche subtile correspond à une attitude de Mystère, la rusée pratique évoquera certes des gens, toujours : sans la compensation qu'en les faisant tels ou empruntés aux moyens méditatifs de l'esprit, ils n'importunent. Ces fâcheux (à qui, la porte tantôt du réduit cher, nous ne l'ouvririons) par le fait de feuillets entre-baillés pénètrent, émanent, s'insinuent : *et nous comprenons que c'est nous.*

Voilà ce que, précisément, exige un moderne : se mirer, quelconque —servi par son obséquieux fantôme tramé de la parole prête aux occasions.

Tandis qu'il y avait, le langage régnant, d'abord à l'accorder selon son origine, pour qu'un sens auguste se produisît : en le Vers, dispensa-

teur, ordonnateur du jeu des pages, maître du
livre. Visiblement soit qu'apparaisse son intégra-
lité, parmi les marges et du blanc; ou qu'il se
dissimule, nommez le Prose, néanmoins c'est lui
si demeure quelque secrète poursuite de musique,
dans la réserve du Discours.

Or je n'interromprai un dessein, de discerner,
en le volume, dont la consommation s'impose au
public, le motif de son usage. Qui est (sans le
souci que la littérature vaille à cet effet, mais
pour l'opposé) incontinent de réduire l'horizon et
le spectacle à une moyenne bouffée de banalité,
scripturale, essentielle : proportionnée au bâille-
ment humain incapable, seul, d'en puiser le principe, pour l'émettre. Le vague ou le commun et
le fruste, plutôt que les bannir, occupation! se
les appliquer en tant qu'un état : du moment que
la très simple chose appelée âme ne consent pas
fidèlement à scander son vol d'après un ébat inné
ou selon la récitation de quelques vers, nouveaux
ou toujours les mêmes, sus.

Un commerce, résumé d'intérêts énormes et
élémentaires, ceux du nombre, emploie l'imprimerie, pour la propagande d'opinions, le narré
du fait divers et cela devient plausible, dans la

Presse, limitée à la publicité, il semble, omettant un art. Je ne désapprouve que le retour de quelque trivialité au livre primitif qui partagea, en faveur du journal, le monopole de l'outillage intellectuel, peut-être pour s'y décharger. Plutôt la Presse, chez nous seuls, a voulu une place aux écrits — son traditionnel feuilleton en rez-de-chaussée longtemps soutint la masse du format entier : ainsi qu'aux avenues, sur le fragile magasin éblouissant, glaces à scintillation de bijoux ou par la nuance de tissus baignées, sûrement pose un immeuble lourd d'étages nombreux. Mieux, la fiction proprement dite ou le récit, imaginatif, s'ébat au travers de « quotidiens » achalandés, triomphant à des lieux principaux, jusqu'au sommet : en déloge l'article de fonds, ou d'actualité, apparu secondaire. Suggestion et même leçon de quelque beauté : qu'aujourd'hui n'est seulement le remplaçant d'hier, présageant demain, mais sort du temps, comme général, avec une intégrité lavée ou neuve. Le vulgaire placard crié comme il s'impose, tout ouvert, dans le carrefour, subit ce reflet, ainsi, de quel ciel émané sur la poussière, du texte politique. Telle aventure laisse indifférents certains parce qu'imaginent-ils, à un peu plus ou moins de rareté et de sublime près dans le plaisir goûté par les gens, la situation se maintient quant à ce qui, seul, est précieux et haut, immesurablement et connu du nom de Poésie : elle, toujours restera exclue et son fré-

missement de vols autre part qu'aux pages est
parodié, pas plus, par l'envergure, en nos mains,
de la feuille hâtive ou vaste du journal. A jauger
l'extraordinaire surproduction actuelle, où la
Presse cède son moyen intelligemment, la notion
prévaut, cependant, de quelque chose de très
décisif, qui s'élabore : comme avant une ère, un
concours pour la fondation du Poème populaire
moderne, tout au moins de *Mille et Une Nuits*
innombrables : dont une majorité lisante soudain
inventée s'émerveillera. Comme à une fête assis-
tez, vous, de maintenant, aux hasards de ce fou-
droyant accomplissement ! Sinon l'intensité de la
chauffe notoirement dépasse une consommation
au jour le jour.

Tout bonnement s'achève une promenade par
cette divagation sans objet, que déterminer un
sentiment ténu mais exact, chez plusieurs, entre
ceux du présent; à qui j'en ai, du reste, avec précaution, référé. Leur malaise, c'est beaucoup! de
la gène — les ferait, ces lettrés, plus qu'au cri de
journaux, hâter le pas ou détourner la vue devant
un encanaillement du format sacré, le volume,
à notre gaz; qui en paraît la langue à nu, vulgaire, dardée sur le carrefour.

La boutique accroît, aussi, l'hésitation à user, avec le même contentement que naguères. de privilèges, pourtant à eux, ou publier.

Rien ensuite: et comme cela ne tire pas à conséquence !

Le personnage, de qui l'on a souci (du moins on exige qu'il soit quelque part, loin et ne l'entendit-on pas immédiatement) se fait deviner : il ne recherche de facilité ordinaire ou à la portée, son nom tourbillonne ou s'élève par une force propre jamais en rapport avec les combinaisons mercantiles.

Une époque sait, d'office, l'existence du Poëte.

Afin de compter, par leurs visages, ses invités. lui ne présenterait qu'intimement le manuscrit, il est célèbre ! Feuillets de hollande ancien ou en japon, ornement de consoles, en l'ombre : ni quoi que ce soit, décidant l'essor extraordinaire en l'abstention d'aucune annonce, le fait a lieu. ou le miracle. Pas de jeune ami, jusqu'au recul de la province, à l'heure — qui, silencieusement, ne s'en instruise. A rêver. ce l'est. à croire. le temps juste de le réfuter, que le réseau des communications omettant quelques renseignements les mêmes journaliers, ait activé, spontanément, ses fils, vers ce résultat.

Tenez! ou pour retomber dans mon début, en menant à ses confins une idée y dût-elle éclater en façon de paradoxe.

Le discrédit, où se place la librairie, a trait, moins à un arrêt de ses opérations, je ne le découvre: qu'à sa notoire impuissance envers l'œuvre exceptionnelle.

L'auteur, la chance au mieux ou un médiocre éblouissement monétaire, ce serait, pour lui, de même; en effet : parce que n'existe devant les écrits achalandés, de gain littéraire colossal. La métallurgie l'emporte à cet égard. Mis sur le pied de l'ingénieur, je deviens, aussitôt, secondaire : si préférable était une situation à part. A quoi bon trafiquer de ce qui, peut-être, ne se doit vendre, surtout quand cela ne se vend pas

Comme le Poëte a sa divulgation, de même il vit; hors et à l'insu de l'affichage, du comptoir affaissé sous les exemplaires ou de placiers exaspérés : antérieurement selon un pacte avec la Beauté qu'il se chargea d'apercevoir de son nécessaire et compréhensif regard, et dont il connaît les transformations.

LE LIVRE, INSTRUMENT SPIRITUEL

Une proposition qui émane de moi — si, diversement, citée à mon éloge ou par blâme — je la revendique avec celles qui se presseront ici — sommaire veut, que tout, au monde, existe pour aboutir à un livre.

Les qualités, requises en cet ouvrage, à coup sûr le génie, m'épouvantent un parmi les dénués : ne s'y arrêter et, admis le volume ne comporter aucun signataire, quel est-il : l'hymne, harmonie et joie, comme pur ensemble groupé dans quelque circonstance fulgurante, des relations entre tout. L'homme chargé de voir divinement, en raison que le lien, à volonté, limpide, n'a d'expression qu'au parallélisme, devant son regard, de feuillets.

Sur un banc de jardin, où telle publication

neuve, je me réjouis si l'air, en passant, entr'ouvre et, au hasard, anime, d'aspects, l'extérieur
du livre : plusieurs — à quoi, tant l'aperçu
jaillit, personne depuis qu'on lut, peut-être n'a
pensé. Occasion de le faire, quand, libéré, le journal domine, le mien, même, que j'écartai, s'envole
près de roses, jaloux de couvrir leur ardent et
orgueilleux conciliabule : développé parmi le
massif, je le laisserai, aussi les paroles fleurs à
leur mutisme et, techniquement, propose, de noter
comment ce lambeau diffère du livre, lui suprême.
Un journal reste le point de départ ; la littérature
s'y décharge à souhait.

Or —

Le pliage est, vis-à-vis de la feuille imprimée
grande, un indice, quasi religieux ; qui ne frappe
pas autant que son tassement, en épaisseur, offrant le minuscule tombeau, certes, de l'âme.

Tout ce que trouva l'imprimerie se résume,
sous le nom de Presse, jusqu'ici, élémentaire-
ment dans le journal : la feuille à même, comme
elle a reçu empreinte, montrant, au premier
degré, brut, la coulée d'un texte. Cet emploi,
immédiat ou antérieur à la production close, certes, apporte des commodités à l'écrivain, placards
joints bout à bout, épreuves, qui rendent l'impro-

visation. Ainsi, strictement, un « quotidien »
avant qu'à la vision, peu à peu, mais de qui?
paraisse un sens, dans l'ordonnance, voire un
charme, je dirai de féerie populaire. Suivez — le
faite ou premier-Paris, dégagement, supérieur,
à travers mille obstacles, atteint au désintéressement et, de la situation, précipite et refoule,
comme par un feu électrique, loin, après les
articles émergés à sa suite, la servitude originelle, l'annonce, en quatrième page, entre une
incohérence de cris inarticulés. Spectacle, certainement, moral — que manque-t-il, avec l'exploit, au journal, pour effacer le livre : quoique,
visiblement encore, d'en bas ou, plutôt, à la base,
l'y rattache une pagination, par le feuilleton,
commandant la généralité des colonnes : rien, ou
presque — si le livre tarde tel qu'il est, un déver-
soir, indifférent, où se vide l'autre.. Jusqu'au
format, oiseux : et vainement, concourt cette
extraordinaire, comme un vol recueilli mais prêt
à s'élargir, intervention du pliage ou le rythme,
initiale cause qu'une feuille fermée, contienne un
secret, le silence y demeure, précieux et des
signes évocatoires succèdent, pour l'esprit, à tout
littérairement aboli.

Oui, sans le reploiement du papier et les
dessous qu'il installe, l'ombre éparse en noirs
caractères, ne présenterait une raison de se ré-

pandre comme un bris de mystère, à la surface,
dans l'écartement levé par le doigt.

Journal, la feuille étalée, pleine, emprunte à
l'impression un résultat indu, de simple macula-
ture : nul doute que l'éclatant et vulgaire avantage
soit, au vu de tous, la multiplication de l'exemplaire et, gise dans le tirage. Un miracle prime
ce bienfait, au sens haut ou les mots, originellement, se réduisent à l'emploi, doué d'infinité
jusqu'à sacrer une langue, des quelque vingt
lettres — leur devenir, tout y rentre pour tantôt
sourdre, principe — approchant d'un rite la com-
position typographique.

Le livre, expansion totale de la lettre, doit
d'elle tirer, directement, une mobilité et spacieux,
par correspondances, instituer un jeu, on ne sait,
qui confirme la fiction.

Rien de fortuit, là, où semble un hasard capter
l'idée, l'appareil est l'égal : ne juger, en conséquence, ces propos — industriels ou ayant trait à
une matérialité : la fabrication du livre, en l'ensemble qui s'épanouira, commence, dès une
phrase. Immémorialement le poëte sut la place
de ce vers, dans le sonnet qui s'inscrit pour

l'esprit ou sur espace pur. A mon tour, je méconnais le volume et une merveille qu'intime sa structure, si je ne puis, sciemment, imaginer tel motif en vue d'un endroit spécial, page et la hauteur, à l'orientation de jour la sienne ou quant à l'œuvre. Plus le va-et-vient successif incessant du regard, une ligne finie, à la suivante, pour recommencer : pareille pratique ne représente le délice, ayant immortellement, rompu, une heure, avec tout, de traduire sa chimère. Autrement ou sauf exécution, comme de morceaux sur un clavier, active, mesurée par les feuillets — que ne ferme-t-on les yeux à rêver ? Cette présomption ni asservissement fastidieux : mais l'initiative, dont l'éclair est chez quiconque, raccorde la notation fragmentée.

Un solitaire tacite concert se donne, par la lecture, à l'esprit qui regagne, sur une sonorité moindre, la signification : aucun moyen mental exaltant la symphonie, ne manquera, raréfié et c'est tout — du fait de la pensée. La Poésie, proche l'idée, est Musique, par excellence — ne consent pas d'infériorité.

Voici, dans le cas réel, que pour ma part, cependant, au sujet de brochures à lire d'après l'usage courant, je brandis un couteau, comme le cuisinier égorgeur de volailles.

Le reploiement vierge du livre, encore, prête à un sacrifice dont saigna la tranche rouge des anciens tomes; l'introduction d'une arme, ou coupe-papier, pour établir la prise de possession. Combien personnelle plus avant, la conscience, sans ce simulacre barbare : quand elle se fera participation, au livre pris d'ici, de là, varié en airs, deviné comme une énigme — presque refait par soi. Les plis perpétueront une marque, intacte, conviant à ouvrir, fermer la feuille, selon le maître. Si aveugle et peu un procédé, l'attentat qui se consomme, dans la destruction d'une frêle inviolabilité. La sympathie irait au journal placé à l'abri de ce traitement : son influence, néanmoins, est fàcheuse, imposant à l'organisme, complexe, requis par la littérature, au divin bouquin, une monotonie — toujours l'insupportable colonne qu'on s'y contente de distribuer, en dimensions de page, cent et cent fois.

Mais..

— J'entends, *peut-il cesser d'en être ainsi :* et vais, dans une échappée, car l'œuvre, seule ou préférablement, doit exemple, satisfaire au détail de la curiosité. Pourquoi — un jet de grandeur, de pensée ou d'émoi, considérable, phrase poursui-

vie, en gros caractère, une ligne par page à emplacement gradué, ne maintiendrait-il le lecteur
en haleine, la durée du livre, avec appel à sa
puissance d'enthousiasme : autour, menus, des
groupes, secondairement d'après leur importance, explicatifs ou dérivés — un semis de fiori-
tures.

Affectation, de surprendre par énoncé, lointain, la badauderie ; j'acquiesce, si plusieurs, que
je cultive, ne remarquent, en l'instinct venu
d'autre part qui les fit disposer leurs écrits de
façon inusitée, décorativement, entre la phrase et
le vers, certains traits pareils à ceci, or, le veut-
on isolé, soit, pour le renom de clairvoyance
réclamé de l'époque, où tout paraît. Un divulgue
son intuition, théoriquement et, peut-être bien,
à vide, comme date : il sait, de telles suggestions, qui atteignent l'art littéraire, ont à se
livrer ferme. L'hésitation, pourtant, de tout
découvrir brusquement ce qui n'est pas encore,
tisse, par pudeur, avec la surprise générale, un
voile.

Attribuons à des songes, avant la lecture, dans
un parterre, l'attention que sollicite quelque
papillon blanc, celui-ci à la fois partout, nulle

part, il s'évanouit; pas sans qu'un rien d'aigu et
d'ingénu, où je réduisis le sujet, tout à l'heure
ait passé et repassé, avec insistance, devant
l'étonnement.

LE MYSTÈRE DANS LES LETTRES

LE MYSTERE DANS LES LETTRES

De pures prérogatives seraient, cette fois, à la merci des bas farceurs.

Tout écrit, extérieurement à son trésor, doit, par égard envers ceux dont il emprunte, après tout, pour un objet autre, le langage, présenter, avec les mots, un sens même indifférent : on gagne de détourner l'oisif, charmé que rien ne l'y concerne, à première vue.

Salut, **exact**, de part et d'autre —

Si, tout de même, n'inquiétait je ne sais quel miroitement, en dessous, peu séparable de la surface concédée à la rétine — il attire le soupçon : les **malins**, entre le public, réclamant de couper

court, opinent, avec sérieux, que, juste, la
teneur est inintelligible.

Malheur ridiculement à qui tombe sous le
coup, il est enveloppé dans une plaisanterie
immense et médiocre : ainsi toujours — pas
tant, peut-être, que ne sévit avec ensemble et
excès, maintenant, le fléau.

Il doit y avoir quelque chose d'occulte au fond
de tous, je crois décidément à quelque chose
d'abscons, signifiant fermé et caché, qui habite
le commun : car, sitôt cette masse jetée vers
quelque trace que c'est une réalité, existant, par
exemple, sur une feuille de papier, dans tel
écrit — pas en soi — cela qui est obscur : elle
s'agite, ouragan jaloux d'attribuer les ténèbres
à quoi que ce soit, profusément, flagramment.

Sa crédulité vis-à-vis de plusieurs qui la sou-
lagent, en faisant affaire, bondit à l'excès : et le
suppôt d'Ombre, d'eux désigné, ne placera un
mot, dorénavant, qu'avec un secouement que
ç'ait été elle, l'énigme, elle ne tranche, par un
coup d'éventail de ses jupes : « Comprends pas ! »
— l'innocent annonçât-il se moucher.

Or, suivant l'instinct de rythmes qui l'élit, le

poëte ne se défend de voir un manque de propor-
tion entre le moyen déchaîné et le résultat.

Les individus, à son avis, ont tort, dans leur
dessein avéré propre — parce qu'ils puisent à
quelque encrier sans Nuit la vaine couche suffi-
sante d'intelligibilité que lui s'oblige, aussi, à
observer, mais pas seule — ils agissent peu déli-
catement, en précipitant à pareil accès la Foule
(où inclus le Génie) que de déverser, en un
chahut, la vaste incompréhension humaine.

A propos de ce qui n'importait pas.

— Jouant la partie, gratuitement soit pour
un intérêt mineur : exposant notre Dame et
Patronne à montrer sa déhiscence ou sa lacune,
à l'égard de quelques rêves, comme la mesure
à quoi tout se réduit.

Je sais, de fait, qu'ils se poussent en scène et
assument, à la parade, eux, la posture humi-
liante ; puisque arguer d'obscurité — ou, nul
ne saisira s'ils ne saisissent et ils ne saisissent
pas — implique un renoncement antérieur à
juger.

Le scandale quoique représentatif, s'ensuit,
hors rapport —

Quant à une entreprise, qui ne compte pas littérairement —

La leur —

D'exhiber les choses à un imperturbable premier plan, en camelots, activés par la pression de l'instant, d'accord — écrire, dans le cas, pourquoi, indûment, sauf pour étaler la banalité ; plutôt que tendre le nuage, précieux, flottant sur l'intime gouffre de chaque pensée, vu que vulgaire l'est ce à quoi on décerne, pas plus, un caractère immédiat. Si crûment — qu'en place du labyrinthe illuminé par des fleurs, où convie le loisir, ces ressasseurs, malgré que je me gare d'image pour les mettre, en personne « au pied du mur », imitent, sur une route migraineuse, la résurrection en plâtras, debout, de l'interminable aveuglement, sans jet d'eau à l'abri ni verdures pointant par dessus, que les culs de bouteille et les tessons ingrats.

Même la réclame hésite à s'y inscrire.

— Dites, comme si une clarté, à jet continu :

ou qu'elle ne tire d'interruptions le caractère, momentané, de délivrance.

La Musique, à sa date, est venue balayer cela —

Au cours, seulement, du morceau, à travers des voiles feints, ceux encore quant à nous-mêmes, un sujet se dégage de leur successive stagnance amassée et dissoute avec art —

Disposition l'habituelle.

On peut, du reste, commencer d'un éclat triomphal trop brusque pour durer : invitant que se groupe, en retards, libérés par l'écho, la surprise.

L'inverse : sont, en un reploiement noir soucieux d'attester l'état d'esprit sur un point, foulés et épaissis des doutes pour que sorte une splendeur définitive simple.

Ce procédé, jumeau, intellectuel, notable dans les symphonies, qui le trouvèrent au répertoire de la nature et du ciel.

— Je sais, on veut à la Musique, limiter le Mystère; quand l'écrit y prétend.

Les déchirures suprèmes instrumentales, conséquence d'enroulements transitoires, éclatent plus véridiques, à même, en argumentation de lumière, qu'aucun raisonnement tenu jamais; on s'interroge, par quels termes du vocabulaire sinon dans l'idée, écoutant, les traduire, à cause de cette vertu incomparable. Une directe adaptation avec je ne sais, dans le contact, le sentiment glissé qu'un mot détonnerait, par intrusion.

L'écrit, envol tacite d'abstraction, reprend ses droits en face de la chute des sons nus : tous deux, Musique et lui, intimant une préalable disjonction, celle de la parole, certainement par effroi de fournir au bavardage.

Même aventure contradictoire, où ceci descend; dont s'évade cela : mais non sans traîner les gazes d'origine.

Tout, à part, bas ou pour me recueillir. Je partis d'intentions, comme on demande du style — neutre l'imagine-t-on — que son expression

ne se fonce par le plongeon ni ne ruisselle d'écla-
boussures jaillies : fermé à l'alternative qui est
la loi.

Quel pivot, j'entends, dans ces contrastes,
à l'intelligibilité ? il faut une garantie —

La Syntaxe —

Pas ses tours primesautiers, seuls, inclus aux
facilités de la conversation ; quoique l'artifice
excelle pour convaincre. Un parler, le français,
retient une élégance à paraître en négligé et le
passé témoigne de cette qualité, qui s'établit
d'abord, comme don de race foncièrement exquis :
mais notre littérature dépasse le « genre », cor-
respondance ou mémoires. Les abrupts, hauts
jeux d'aile, se mireront, aussi : qui les mène, perçoit une extraordinaire appropriation de la structure, limpide, aux primitives foudres de la
logique. Un balbutiement, que semble la phrase,
ici refoulé dans l'emploi d'incidentes multiple,
se compose et s'enlève en quelque équilibre
supérieur, à balancement prévu d'inversions.

S'il plaît à un, que surprend l'envergure,
d'incriminer.. ce sera la Langue, dont voici
l'ébat.

25

— Les mots, d'eux-mêmes, s'exaltent à mainte facette reconnue la plus rare ou valant pour l'esprit, centre de suspens vibratoire; qui les perçoit indépendamment de la suite ordinaire, projetés, en parois de grotte, tant que dure leur mobilité ou principe, étant ce qui ne se dit pas du discours : prompts tous, avant extinction, à une réciprocité de feux distante ou présentée de biais comme contingence.

Le débat — que l'évidence moyenne nécessaire dévie en un détail, reste de grammairiens. Même un infortuné se trompât-il à chaque occasion, la différence avec le gâchis en faveur couramment ne marque tant, qu'un besoin naisse de le distinguer de dénonciateurs : il récuse l'injure d'obscurité — pourquoi pas, parmi le fonds commun, d'autres d'incohérence, de rabâchage, de plagiat, sans recourir à quelque blâme spécial et préventif — ou encore une, de platitude ; mais, celle-ci, personnelle aux gens qui, pour décharger le public de comprendre, les premiers simulent l'embarras.

Je préfère, devant l'agression, rétorquer que des contemporains ne savent pas lire —

Sinon dans le journal ; il dispense, certes,
l'avantage de n'interrompre le chœur de préoc-
cupations.

Lire —

Cette pratique —

Appuyer, selon la page, au blanc, qui l'inaugure son ingénuité, à soi, oublieuse même du
titre qui parlerait trop haut : et, quand s'aligna,
dans une brisure, la moindre, disséminée, le hasard vaincu mot par mot, indéfectiblement le blanc
revient, tout à l'heure gratuit, certain maintenant, pour conclure que rien au delà et authenti-
quer le silence —

Virginité qui solitairement, devant une transparence du regard adéquat, elle-même s'est
comme divisée en ses fragments de candeur,
l'un et l'autre, preuves nuptiales de l'Idée.

L'air ou chant sous le texte, conduisant la divination d'ici là, y applique son motif en fleuron
et cul-de-lampe invisibles.

OFFICES

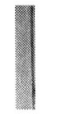

PLAISIR SACRÉ

La note maintenant d'une rentrée de capitale est donnée par l'ouverture des concerts.

Même spectacle chaque saison : une assistance — et le dos d'un homme qui tire, je crois, il parait le faire, les prestiges de leur invisibilité.

Un vent ou peur de manquer à quelque chose exigeant le retour, chasse, de l'horizon à la ville, les gens, quand le rideau va se lever sur la magnificence déserte de l'automne. Le proche éparpillement du doigté lumineux, que suspend le feuillage, se mire, alors, au bassin de l'orchestre prêt.

Le bâton directeur attend pour un signal.

Jamais ne tomberait l'archet souverain battant
la première mesure, s'il fallait qu'à cet instant
spécial de l'année, le lustre, dans la salle, re-
présentât, par ses multiples facettes, une lucidité
chez le public, relativement à ce qu'on vient
faire. Élite — artistes habitués, intellectuels
mondains et tant de sincères petites places. Le
mélomane quoique chez lui, s'efface, il ne s'agit
d'esthétique, mais de religiosité.

Ma tentation sera de comprendre pourquoi
ce qui préluda comme l'effusion d'un art, acquiert, depuis, par quelle sourde puissance, un
motif autre. Attendu, effectivement, que les célé-
brations officielles à part, la Musique s'annonce
le dernier et plénier culte humain.

J'y suis allé, par badauderie, aimant à flairer
l'occasion d'avance. Soit que je reconnusse ce
chant, qui aujourd'hui influence tout travail,
même peint, de l'impressionnisme à la fresque,
et le soulèvement de vie dans le grain du
marbre. Voire le chuchotement entendu de la
raison ou un discours au Parlement, rien ne
vaut que comme air tenu longtemps et selon le
ton qui plaît. Le poëte, verbal, se défie, il
persiste, dans une prévention jolie, pas étroi-
tesse, mais sa suprématie au nom du moyen,

le plus humble conséquemment essentiel, la
parole : or, à quelle hauteur qu'exultent des
cordes et des cuivres, un vers, du fait de
l'approche immédiate de l'àme, y atteint. Je
suis allé, avec beaucoup et, intrus familier,
subitement, me sens pris d'un doute, un seul,
à vrai dire, extraordinaire.

Cette multitude satisfaite par le menu jeu de
l'existence, agrandi jusqu'à la politique, tel que
journellement le désigne la presse; comment se
fait-il — est-ce vrai — cela repose-t-il sur un
instinct que, franchissant les intervalles littéraires, elle ait besoin tout à coup de se trouver
face à face avec l'Indicible ou le Pur, la poésie
sans les mots!

Question — où, mieux que dans le volume,
seuil et niveau moyens, posée et de plain-pied,
directement..

Quel rapport existe entre une assemblée
contenue, sobre et des exaltations tout à l'heure
jaillissant, avec orgie, d'immémorialité, de soirs
et de gloire; ou autres bouffées infinies : sinon,
se prête-t-on, en raison du caractère dispropor-

tionné quant à soi de tels éclats, à une mystification —

L'idée hante, pareillement à un cas de reportage énorme et supérieur : vérifier à quel point,
le dimanche, un auditoire assiste au plaisir qu'il
élit — oui, si cet office, le concert, a lieu,
pour quelqu'un — si ce n'est pas un déversement par exemple d'inanité dans de l'absence.

Voici des yeux, perdus, extatiquement, hors
de leur curiosité ! Non que refléter sur le visage
une suavité innée ne suffise : à l'intérieur
s'empreint un peu du sentiment même incompris
à quoi l'on accorde ses traits. Maintien
honorable, c'est prendre part, selon le prétexte
convenu, à la figuration du divin.

Sérieusement.

La foule qui commence à tant nous surprendre
comme élément vierge, ou nous-mêmes, remplit
envers les sons, sa fonction par excellence de
gardienne du mystère ! Le sien ! elle confronte
son riche mutisme à l'orchestre, où gît la col-
lective grandeur. Prix, à notre insu, ici de
quelque extérieur médiocre subi présentement
et accepté par l'individu.

Ah! le bien dire : du moins, le Français, utili-
sateur et social, plutôt que dilettante, fit cela de
la symphonie.

Une initiation en dessous illumine, ainsi que
le lavage dominical de la banalité.

Parure — si la foule est femme, tenez, les mille
têtes. Une conscience partielle de l'éblouissement
se propage, au hasard de la tenue de ville usitée
dans les auditions d'après-midi : pose, comme le
bruit déjà de cymbales tombé, au filigrane d'or
de minuscules capotes, miroite en le jais ; mainte
aigrette luit divinatoire. L'impérieux velours
d'une attitude coupera l'ombre avec un pli
s'attribuant la coloration fournie par tel instrument. Aux épaules, la guipure, entrélacs de la
mélodie.

Une présence de chef d'orchestre détaille et
contient la chimère, en la limite de son geste,
qui va redescendre.

CATHOLICISME

Présomption, on imagine, par suite de silence extérieur, que cela, mainte vibration de certitude et de ténèbres jointe en un méditatif unisson, a cessé —

Ainsi —

Simplement, dans l'inaptitude de gens à percevoir leur néant sinon comme la faim, misère profane, hors l'accompagnement du tonnerre d'orgues absolu de la Mort.

Une race, la nôtre, à qui cet honneur de prêter des entrailles à la peur qu'a d'elle-même, autrement que comme conscience humaine, la métaphysique et claustrale éternité, échut, puis d'expirer le gouffre en quelque ferme aboi dans les âges,

serait, non, j'en ris, malgré ce traitement céleste,
comme si de rien, ordinaire, indemne, vague;
parce qu'il ne reste trace, à une minute de postérité — quand ne fleurit même pas la vie recon-
quise et native.

Tout au moins, pareil effacement sans que la
volonté du début, après les temps, appelât, intimement comme elle frappe une solitude, l'esprit
à résumer la sombre merveille —

Lequel préfère, en dédain des synthèses, éga-
rer une recherche — vide s'il ne convient que
l'ahurie, la banale et vaste place publique cède,
aussi, à des injonctions de salut. Les plus directes peut-être ayant visité l'inconscience, les plus
élémentaires : sommairement il s'agit, la Divinité,
qui jamais n'est que Soi, où montèrent avec
l'ignorance du secret précieuse pour en mesurer
l'arc, des élans abattus de prières — au ras, de la
reprendre, en tant que point de départ, humbles
fondations de la cité, foi en chacun. Ce tracé par
assises et une hauteur comme de trottoir, y descend la lueur, à portée, quotidienne du réverbère.

Culte inscient et le commun fonctionnement,
quant à des vertus, présenté par une nation:
avant tout, que le terre-plain ait lieu, harangue-
t-on, selon la piété mutuelle — de là, libre à

26

l'âme de s'exiler très haut. Jaillissement le reste,
à puiser en l'individu comportant des matériaux subtils pas moins que la flèche, en pierre,
de dentelles.

Avec sa contraire précaution, la Mère qui nous
pense et nous conçoit, toujours, ces exaltations
dussent-elles avorter comme trésor enfoui — que
ce sera, tard, opportun de renier, veut que l'on
commence par les zèles ardus et la sublimité.

A l'ordre, nous ne manquâmes, en le cas.

Le moyen âge, à jamais, reste l'incubation
ainsi que commencement de monde, moderne :
au seuil d'une ère dispensatrice, je veux, du
bienfait terrestre ou d'aisance plénière — tout,
par souci que la projection de sainteté ne suffit
pas et manquât court, se ramassa au noir de
nous pour filer véritablement si c'est possible,
en joie, quelque chose comme durant les siècles
des siècles, oh! que ce soit.

Une prétention, qui se targue de laïcité sans que
ce mot invite un sens, liée au refus d'inspirations
supérieures, soit, tirons-les de notre fonds, imite,
à présent, dans l'habitude, ce qu'intellectuellement la discipline de la science omettant, au risque

de choir ou de les prouver, dogmes et philosophie.

Seul intérêt qui poigne à raison de rêves —

Quand même survivrait, acceptation courante
d'une entre les Chimères, la religion, en cette
épreuve liminaire, la Justice —

Un rite s'extériorisera-t-il de la pratique quotidienne, comme pompes et sceau : ou, en est-ce
fait d'un genre grandiose de distraction.

Question, enchevêtrée en son éploi, peu en
rapport, je sais, avec ce qui se traite : il faut lecture de soirs comme une dont je sors, le livre
exceptionnel d'Huÿsmans, pour intimer, avec
espoir de se défendre contre la superbe influence,
mon adaptation ou le transport à telle manie —

L'intrusion dans les fêtes futures.

Que doivent-elles être : tributaires, d'abord, du
loisir dominical —

Nul, à moins de suspendre, comme sa vision, le lourd lustre, évocateur multiple de motifs, n'éclairerait ici; mais on peut déduire, pourtant, des moyens et des nécessités en cause.

A quelque amphithéâtre, comme une aile d'infinité humaine, bifurque la multitude, effarouchée devant le brusque abîme fait par le dieu, l'homme — ou Type.

Représentation avec concert.

Le miracle de la musique est cette pénétration, en réciprocité, du mythe et de la salle, par quoi se comble jusqu'à étinceler des arabesques et d'ors en traçant l'arrêt à la boîte sonore, l'espace vacant, face à la scène : absence d'aucun, où s'écarte l'assistance et que ne franchit le personnage.

L'orchestre flotte, remplit et l'action, en cours, ne s'isole étrangère et nous ne demeurons des témoins : mais, de chaque place, à travers les affres et l'éclat, tour à tour, sommes circulairement le héros — douloureux de n'atteindre à lui-même que par des orages de sons et d'émotions déplacés sur son geste ou notre afflux invisible. Personne n'est-il, selon le bruissant, diaphane rideau de symboles, de rythmes, qu'il ouvre sur sa statue, à tous.

Mystère, autre que représentatif et que, je dirai,
grec. Pièce, office. Vous sentez comme plus
« objectif », détaché, illusoire, aux jeux antiques,
Prométhée même, Oreste, il convenait d'envelop-
per les gradins de légende, dont le frisson restât,
certes, aux robes spectatrices mais, sans la ter-
reur en ce pli, que telle vicissitude grandiloque
affectât quiconque la contemple, en tant que pro-
tagoniste à son insu. Ici, reconnaissez, désormais,
dans le drame, la Passion, pour élargir l'acception
canoniale ou, comme ce fut l'esthétique fastueuse
de l'Église, avec le feu tournant d'hymnes, une
assimilation humaine à la tétralogie de l'An.

Sa hantise, au théâtre que l'esprit porte, gran-
dira, en majesté de temple.

Notre communion ou part d'un à tous et de
tous à un, ainsi, soustraite au mets barbare que
désigne le sacrement — en la consécration de
l'hostie, néanmoins, s'affirme, prototype de cérémonials, malgré la différence avec une tradition
d'art, la Messe. L'amateur que l'on est, maintenant, de quelque chose qui, au fond, soit ne
saurait plus assister, comme passant, à la tragédie, comprit-elle un retour, allégorique, vers lui;
et, tout de près, exige un fait — du moins la
crédulité à ce fait au nom de résultats. « Présence

réelle » : ou, que le dieu soit là, diffus, total,
mimé de loin par l'acteur effacé, par nous su
tremblants, en raison de toute gloire, latenté si
telle indue, qu'il assuma, puis rend, frappée à l'authenticité des mots et lumière, triomphale de
Patrie, ou d'Honneur, de Paix.

Sans une pensée d'éblouir le vitrage de coupole constatant élévation et transparence à ce
que la rumeur dénomme édifice social, impor-
terait peu quelque pas en avant ; sauf, ainsi,
pour entrer, inaugurer et saluer une arrière-
ressemblance avec des gravités du passé, assom-
bries en la mémoire ou qu'instaure la foule.

Je ne crois, du tout, rêver —

Une parité, des réminiscences liturgiques exclusivement notre bien propre ou originel, inscrites
au seuil et de certains apparats, profanes, avoués,
s'impose : cependant n'allez mal, conformément à
une erreur chez des prédicants, élaver en je sais
quelle dilution couleur électricité et peuple, l'archaïque outremer de ciels. Tout s'interrompt,
effectif, dans l'histoire, peu de transfusion : ou le
rapport consiste en ceci que les deux états auront
existé, séparément, pour une confrontation par
l'esprit. L'éternel, ce qui le parut, ne rajeunit,

enfonce aux cavernes et se tasse : ni rien dorénavant, neuf, ne naîtra que de source.

Oublions —

Une magnificence se déploiera, quelconque,
analogue à l'Ombre de jadis.

Alors s'en apercevra-t-on ou, du moins, y gar-
dera-t-on la sympathie, qui m'angoisse : peut-être,
pas ; et j'ai voulu, d'ici, quand ce n'est prêt, accou-
der le Songe à l'autel contre le tombeau retrouvé
— pieux ses pieds à de la cendre. Le nuage autour
exprès : que préciser.. Plus, serait entonner le
rituel et trahir, avec rutilance, le lever de soleil
d'une chape d'officiant, en place que le desservant enguirlande d'encens, pour la masquer, une
nudité de lieu.

DE MÊME

Une belle réjouissance d'à présent, due aux
sortilèges divers de la Poésie, ne vaut que
mêlée à un fonctionnement de capitale et en
résulte comme apothéose. L'État, en raison de
sacrifices inexpliqués et conséquemment relevant d'une foi, exigés de l'individu, ou notre insi-
gnifiance, doit un apparat : cela improbable, en
effet, que nous soyons, vis-à-vis de l'absolu, les
messieurs qu'ordinairement nous paraissons.
Quelque royauté environnée de prestige militaire,
suffisant naguère publiquement, a cessé : et
l'orthodoxie de nos élans secrets, qui se per-
pétue, remise au clergé, souffre d'étiolement.
Néanmoins pénétrons en l'église, avec l'art : et
si, le sait-on ! la fulguration de chants antiques
jaillis consumait l'ombre et illuminait telle divination longtemps voilée, lucide tout à coup et en
rapport avec une joie à instaurer.

Toujours que, dans le lieu, se donne un mystère : à quel degré en reste-t-on spectateur, ou présume-t-on y avoir un rôle? Je néglige tout aplanissement chuchoté par la doctrine et me tiens aux solutions que proclame l'éclat liturgique : non que j'écoute en amateur, peut-être soigneux, excepté pour admirer comment, dans la succession de ces antiennes, proses ou motets, la voix, celle de l'enfant et de l'homme, disjointe, mariée, nue ou exempte d'accompagnement autre qu'une touche au clavier posant l'intonation, évoque, à l'âme, l'existence d'une personnalité multiple et une, mystérieuse et rien que pure. Quelque chose comme le Génie, écho de soi, sans commencement ni chute, simultané, en le délire de son intuition supérieure : il se sert des exécutants, par quatuor, duo, etc., ainsi que des puissances d'un instrument unique, jouant la virtualité — à l'opposé d'usages d'opéra, où tout afin de rompre la céleste liberté de la mélodie, seule condition et l'entraver par la vraisemblance du développement régulier humain.

Une assimilation m'obsède, parmi le plaisir, d'effets extraordinaires retrouvés ici et de certain sens, pour nos fastes futurs, attribuable peut-être au théâtre, comme fut, au sanctuaire un agencement dramatique rare : séance ne le montra autre part, constituée pour l'objet.

Suivez, trois éléments, ils se commandent.

La nef avec un peuple je ne parle d'assistants,
bien d'élus : quiconque y peut de la source la
plus humble d'un gosier jeter aux voûtes le répons
en latin incompris, mais exultant, participe entre
tous et lui-même de la sublimité se reployant
vers le chœur : car voici le miracle de chanter,
on se projette, haut comme va le cri. Dites si
artifice, préparé mieux et à beaucoup, égalitaire,
que cette communion, d'abord esthétique, en le
héros du Drame divin. Quoique le prêtre céans
n'ait qualité d'acteur, mais officie —: désigne et
recule la présence mythique avec qui on vient
se confondre; loin de l'obstruer du même intermédiaire que le comédien, qui arrête la pensée à
son encombrant personnage. Je finirai par l'orgue, relégué aux portes, il exprime le dehors, un
balbutiement de ténèbres énorme, ou leur exclusion du refuge, avant de s'y déverser extasiées
et pacifiées, l'approfondissant ainsi de l'univers
entier et causant aux hôtes une plénitude de
fierté et de sécurité. Telle, en l'authenticité de
fragments distincts, la mise en scène de la religion d'état, par nul cadre encore dépassée et
qui, selon une œuvre triple, invitation directe
à l'essence du type (ici le Christ), puis invisibilité de celui-là, enfin élargissement du lieu
par vibrations jusqu'à l'infini, satisfait étrangement un souhait moderne philosophique et d'art.

Et, j'oubliais la tout aimable gratuité de l'entrée.

La première salle que possède la Foule, au
Palais du Trocadéro, prématurée, mais intéressante avec sa scène réduite au plancher de l'es-
trade (tréteau et devant de chœur), son considérable buffet d'orgues et le public jubilant d'être là,
indéniablement en un édifice voué aux fêtes,
implique une vision d'avenir; or, on a repris à
l'église plusieurs traits, insciemment. La représentation, ou l'office, manque : deux termes,
entre quoi, à distance voulue, hésitera la pompe.
Quand le vieux vice religieux, si glorieux, qui
fut de dévier vers l'incompréhensible les sentiments naturels, pour leur conférer une grandeur sombre, se sera dilué aux ondes de l'évidence et du jour, cela ne demeurera pas moins,
que le dévouement à la Patrie, par exemple, s'il
doit trouver une sanction autre qu'en le champ
de bataille, dans quelque allégresse, requiert un
culte : étant de piété. Considérons aussi que rien,
en dépit de l'insipide tendance, ne se montrera
exclusivement laïque, parce que ce mot n'élit pas
précisément de sens.

Solitaire autant que générale en surprises pour
le Poëte même, cette songerie restreinte par
hasard, à quelques piliers de paroisse perd de
l'insolite, après un moment; la conclusion prévaut :

en effet, c'était impossible que dans une religion, encore qu'à l'abandon depuis, la race n'eût pas mis son secret intime ignoré. L'heure convient, avec le détachement nécessaire, d'y pratiquer les fouilles, pour exhumer d'anciennes et magnifiques intentions.

GRANDS FAITS DIVERS

OR

La très vaine divinité universelle sans extérieur ni pompes —

. Ce refus à trahir quelque éclat doit peut-être cesser, dans le désespoir et si la lumière se fait de dehors: alors les somptuosités pareilles au vaisseau qui enfonce, ne se rend et fête ciel et eau de son incendie.

Pas, l'instant venu ostentatoire —

Qu'une Banque s'abatte, du vague, du médiocre, du gris.

Le numéraire, engin de terrible précision, net aux consciences, perd jusqu'à un sens.

Aux fantasmagoriques couchers du soleil

quand croulent seuls des nuages, en l'abandon
que l'homme leur fait du rêve, une liquéfaction
de trésor rampe, rutile à l'horizon : j'y ai la
notion de ce que peuvent être des sommes, par
cent et au delà, égales à celles dont l'énoncé,
dans le réquisitoire, pendant un procès financier,
laisse, quant à leurs existences, froid. L'incapacité des chiffres, grandiloquents, à traduire, ici
relève d'un cas ; on cherche, avec cet indice que,
si un nombre se majore et recule, vers l'improbable, il inscrit plus de zéros : signifiant que son
total équivaut spirituellement à rien, presque.

Fumée le milliard, hors le temps d'y faire
main basse : ou, le manque d'éblouissement voire
d'intérêt accuse qu'élire un dieu n'est pas pour le
confiner à l'ombre des coffres en fer et des
poches.

Aucune plainte de ma badauderie déçue par
l'effacement de l'or dans les circonstances théâ-
trales de paraître aveuglant, clair, cynique : à
part moi songeant que, sans doute, en raison du
défaut de la monnaie à briller abstraitement, le
don se produit, chez l'écrivain, d'amonceler la
clarté radieuse avec des mots qu'il profère comme
ceux de Vérité et de Beauté.

ACCUSATION

L'injure bégaie, en des journaux, faute de hardiesse : un soupçon prêt à poindre, pourquoi la réticence? Les engins, dont le bris illumine les parlements d'une lueur sommaire, mais estropie à faire grand'pitié, des badauds, je m'y intéresserais, en raison de la lueur — sans la brièveté de son enseignement qui permet au législateur d'alléguer une définitive incompréhension ; je récuse l'adjonction de balles à tir et de clous. Tel un avis; et, incriminer de tout dommage ceci uniquement qu'il y ait des écrivains à l'écart tenant, ou pas, pour le vers libre, captive, surtout par de l'ingéniosité. Près, eux, se réservent, ou loin, comme pour une occasion, ils offensent le fait divers : que dérobent-ils, toujours jettent-ils ainsi du discrédit, moins qu'une bombe, sur ce que de mieux, indisputablement et à grands frais, fournit une

27.

capitale comme rédaction courante de ses apo-
théoses : à condition qu'elle ne le décrète pas
dernier mot, ni le premier, relativement à certains éblouissements, aussi, que peut d'elle-
même tirer la pensée. Je souhaiterais qu'on poussàt
un avis jusqu'à délaisser l'insinuation ; proclamant, salutaire, la retraite chaste de plusieurs.
Il importe que dans tout concours de la multitude quelque part vers l'intérêt, l'amusement,
ou la commodité, de rares amateurs, respectueux
du motif commun en tant que façon d'y montrer
de l'indifférence, instituent par cet air à côté,
une minorité; attendu, quelle divergence que
creuse le conflit furieux des citoyens, tous, au
regard souverain, font une unanimité — d'accord,
au moïns, que ce à propos de quoi ou s'entredé-
vore, compte : or, posé le besoin d'exception,
comme de sel! la vraie qui, indéfectiblement,
fonctionne, gît dans ce séjour de quelques esprits,
je ne sais, à leur éloge, comment les désigner,
gratuits, étrangers, peut-être vains — ou littéraires.

CLOÎTRES

Comme ce devient difficile au Français, perplexe en son cas, de juger les choses à l'étranger!
Un tel vague, sans même la brume, je le rappor-
terais d'Angleterre. Invité à « lecturer » devant
Oxford et Cambridge et, la politesse rendue en
visites aux merveilles présentées par ces très
particuliers séjours — l'un imposant peut-être,
intime l'autre, entre qui pas de choix — reste à
extraire une conclusion ayant cours.

La promenade connue cesse au pénétrant, enveloppant Londres, définitif. Son brouillard mo-
numental — il ne faudra le séparer de la ville,
en esprit ; pas plus que la lumière et le vent ne
le roulent et le lèvent des assises de matériaux
bruts jusque par-dessus les édifices, sauf pour le
laisser retomber closement, immensément, su-

perbement : la vapeur semble, liquéfiée, couler peu loin avec la Tamise.

Une heure et quart, de trains, vers les cités savantes; j'avais une raison.

Rapprochez, par ouï-dire, des collèges de tout style en une telle communion, l'étude, qu'à leur milieu rien de discordant, moyen âge, Tudorien, aéré de prairies à vaches et à cerfs, avec eaux vives, propres à l'entraînement : la Grande-Bretagne s'adonne à l'élevage athlétique de ses générations. L'Université lie ces couvents ou clubs, legs princiers, libéralités.

Tout — que la jeunesse abrité sa croissance dans l'architecture de pensifs locaux, serait simple, avec même la côtoyant, en aînés, une présence d'hommes, uniques par l'Europe et au monde, qui, à mon sens, domine la pierre historiée comme je fus surtout étonné d'eux. Aujourd'hui, choisissant, à parfaire, une impression de beauté, véritablement la fleur et le résultat ce sont les *Fellows*.

Chaque logis collégial séculairement isole un groupe de ces amateurs qui se succèdent, s'élisant. Une vacance : « un tel (conviennent-ils) à

Londres, quelque part, pourrait être des nôtres », vote, on l'appelle. Cette condition, l'élu, universitairement gradué. Il n'aura, la vie durant, qu'à toucher sa prébende. Invariablement. Préfère-t-il, lui — à la méditation contre une quotidienne vitre, quelque paysage britannique ; ainsi qu'à compulser, dans le fauteuil convenu, un des tomes épaississant sa muraille, puis hanter au réfectoire ample comme une cathédrale, bâtie sur une inestimable cave : il le peut ou même trouvera sa pension, voyageur, en quelle banque d'Italie ou du globe. La plupart séjournent, respectant la clause de ne vivre mariés à l'intérieur de monastères de science. Mieux qu'ailleurs se mène l'expérience ou la découverte ; j'y sais le prosateur ouvragé par excellence de ce temps.

Sans marché passé voire tacitement, en toute liberté.

Ce trait le capital.

Un renoncement, facultatif, à l'époque, accompagne la sinécure : nommé en tant que quelqu'un, la seule loi, qu'on persiste, les moyens offerts excepté l'adversité. Luxe, d'exalter chez autrui la conscience de précieux semblables, pas tout à fait inutile.

Nous crierons au scandale.

Pour que cette exception, dont me suit le
charme, fonctionne, ordinaire, élégante, hautaine,
se doit un sol traditionnel introublé : le même,
où halètent des provinces de fer et de poussier
populeuses, supporte la jumelle floraison, en
marbres, de cités, construites pour penser.

Notre échafaudage semble agencé provisoire-
ment en vue que rien, analogue à ces recueille-
ments privilégiés, ne verse l'ombre doctorale,
comme une robe, autour de la marche de quelques
messieurs délicieux.

Un motif convient, pour se priver ainsi : dé-
fiance, où poind un instinct de claire justice. La
conception anglaise atteste une générosité sociale
différente.

L'Académie, ici, ne se compare ; ses desseins,
statuts.

Si près de la dispersion et de l'été, j'aime, ces
refuges que je dois oublier, les fixer (d'accord,
ils ne sont pas à notre gré) : et que ne se fasse,
sans une équivalence pour quelques-uns et moi,
le mental adieu.

Du passé, cela enrichi, vis-je au départ, d'un

recommencement, avec la saison, de prochains couchers — perpétuel : comme le concept de Cloîtres. Répugnance chez la démocratie : dans le cas, nous abolissons, nions, jetons bas. J'insiste sur le mot *du passé* — il aide à se dégager, avec soupir, d'une leçon, majestueuse comme un chœur; qui ne se taira — ni l'intonation d'un Fellow disert toujours, avec aptitude, sur des sujets français, fins, littéraires pour peu qu'il en reste — indéniablement, à cette date du printemps en cent ans, et plus! Alors je me demande si de pareilles institutions, neutres à la brutalité qui en battrait le mur, ne *demeurent* d'autre part comme qui dirait *en avance* : certes si, élan d'un gothique perpendiculaire, la basilique là-bas du « Jesus » ou cette vigilante tour de « Magdalen », hors de jadis ne surgissent — quant à un spectateur impartial — très droit délibérément en du futur.

Moi-même y contredis, en ce qui est de chez nous, imbu de je ne sais quelle hostilité contre des états de raretés sanctionnés par le dehors, ou qui purement ne sont l'acte d'écrire : je rentre les aspirations à la solitude nécessaire quand ce ne serait que pour paraître songer. Il faut cette fuite, en soi; on put encore — mais, soi, déjà ne devient-il pas loin, pour se retirer?

MAGIE

Huÿsmans se plut, dans une œuvre de portée infiniment autre que fournir des documents même extraordinaires (comparaison entre la magnificence en le mal, d'âmes, au xve siècle, et nous) à dénoncer le bizarre attardement, au Paris actuel, de la démonialité. Le moyen âge, incubatoire : tout depuis, alliage, avec l'antique, pour composer cette vaine, perplexe, nous échappant, modernité — outre la législation pétrifiée romaine stagne une religion, celle des cathédrales, parallèlement. Fermer les yeux, ne peut ne voir, régentant la cité comme au temps défunt, l'accroupie en le dégagement mystérieux de ses ailes, ombre de Notre-Dame.

Le sabbat, dessous, conduit par la bande res-

taurée des gargouilles et des figures infâmes,
refuse de choir.

Un public, soustrait au recensement, éprouve
du goût pour des pratiques, ici, que le maintien,
à la cour papale, d'une charge en vue de les
confondre, désigne comme vivaces. Hébétude
fouettée de blasphème, cette messe-noire mondaine se propage, certes, à la littérature, un
objet d'étude ou critique.

Quelque déférence, mieux, envers le labora-
toire éteint du grand œuvre, consisterait à reprendre, sans fourneau, les manipulations, poisons,
refroidis autrement qu'en pierreries, pour continuer par la simple intelligence. Comme il
n'existe d'ouvert à la recherche mentale que deux
voies, en tout, où bifurque notre besoin, à
savoir l'esthétique d'une part et aussi l'économie
politique : c'est, de cette visée dernière, principalement, que l'alchimie fut le glorieux, hâtif et
trouble précurseur. Tout ce qui à même, pur,
comme faute d'un sens, avant l'apparition,
maintenant de la foule, doit être restitué au domaine social. La pierre nulle, qui rêve l'or, dite
philosophale : mais elle annonce, dans la finance,
le futur crédit, précédant le capital ou le réduisant à l'humilité de monnaie ! Avec quel désordre

se cherche cela, autour de nous et que peu compris ! Il me gêne presque de proférer ces vérités impliquant de nets, prodigieux transferts de songe, ainsi, cursivement et à perte.

Neuve, presque involontaire une piété de la science ne néglige rien qui hanta son commencement grandiose et puéril : cet appareil de chimère signifiant pour le littérateur des titres solitaires innés, vaut, comme musée; mais ramener son âme à la virginité de la feuille de papier, n'y installe de blason. Je dis qu'existe entre les vieux procédés et le sortilège, que restera la poésie, une parité secrète; je l'énonce ici et peut-être personnellement me suis-je complu à le marquer, par des essais, dans une mesure qui a outrepassé l'aptitude à en jouir consentie par mes contemporains. Evoquer, dans une ombre exprès, l'objet tu, par des mots allusifs, jamais directs, se réduisant à du silence égal, comporte tentative proche de créer : vraisemblable dans la limite de l'idée uniquement mise en jeu par l'enchanteur de lettres jusqu'à ce que, certes, scintille, quelque illusion égale au regard. Le vers, trait incantatoire ! et, on ne déniera au cercle que perpétuellement ferme, ouvre la rime une similitude avec les ronds, parmi l'herbe, de la fée ou du magicien. Notre

occupation le dosage subtil d'essences, délétères
ou bonnes, les sentiments. Rien autrefois sorti,
pour les illettrés, de l'artifice humain, seul,
résumé en le livre ou qui flotterait imprudemment
dehors au risque d'y volatiliser un semblant,
aujourd'hui ne veut disparaître, du tout : mais
regagnera les feuillets, par excellence suggestifs
et dispensateurs du charme.

Coupable qui, sur cet art, avec cécité opèrera
un dédoublement : ou en sépare, pour les réaliser
dans une magie à côté, les délicieuses, pudiques
— pourtant exprimables, métaphores.

BUCOLIQUE

Le Monsieur, plutôt commode, que certains observent la coutume d'accueillir par mon nom, à moi esprit, là-haut, aux espaces miroitant, force l'égard durant l'audition de doléances. Quel cas étrange n'alignerait-il pas si on consentait à écouter, comme ceci touchant une question, singulièrement, de séjour par le vénéneux printemps introduite des crépuscules à la vitre. Transcrire le propos, que porter en public est trop; l'énonciateur, apparu le quelqu'un hantant, par ma fréquentation, avec peu.

Quelque aspiration d'écrivain aux champs va, Juin s'exhale, dicter, sur le ton modéré, un *O rus quando te..* récent.

Silence au raisonneur —

Il profère, pour marquer ses griefs pas sans déprécation —

Que l'artiste et lettré, qui se range sous l'unique vocable de poëte, n'a lui, à faire dans un lieu adonné à la foule ou hasard ; serviteur, par avance, de rythmes —

Que, cependant, nécessaire d'y être venu et même d'avoir tenu bon ; pour s'en retourner, docte et, n'importe où, enfouir comme inutile, précieux son tribut, avec la certitude d'aucun emploi.

Souriant à juger l'aventure profitable, contra-dictoirement : en raison qu'agglomération de vague devra, chez tels sujets, déterminer un éclat révulsif et furieux d'intelligence

Ce qui consiste à mal parler de la Ville —

De la Ville bien entendu sinon j'interrom-pais, à l'état actuel, en expectative, ayant le tort de prétendre, tout de même, fonctionner, à cause du tourbillon de vie lancée, nonobstant le défaut de sociales bases et d'un couronnement par l'art.

Longs faubourgs prolongés par la monotonie

de voies jusqu'au central rien qui soit extraordinaire, divin ou totalement jailli du sol factice
en échange des lieues d'asphalte, de nouveau, à
piétiner, pour fuir.

Toujours sans excuses que j'occupe la scène,
intellectuellement le ferai-je et de mémoire, témoi-
gnez comme la destinée, chez plusieurs confon-
due avec leur rêverie, me choya. Le double adjuvant aux Lettres, extériorité et moyen ont,
envers un, dans l'ordre absolu, gradué leur
influence.

La Nature —

La Musique —

Termes en leur acception courante de feuillage et de sons.

Repuiser, simplement, au destin.

La première en date, la nature, Idée tangible
pour intimer quelque réalité aux sens frustes et,
par compensation, directe, communiquait à ma
jeunesse une ferveur que je dis passion comme,

son bûcher, les jours évaporés en majestueux
suspens, elle l'allume avec le virginal espoir d'en
défendre l'interprétation au lecteur d'horizons.
Toute clairvoyance, que, dans ce suicide, le
secret ne reste pas incompatible avec l'homme,
éloigne les vapeurs de la désuétude, l'existence,
la rue. Aussi, quand mené par je comprends
quel instinct, un soir d'âge, à la musique, irrésistiblement au foyer subtil, je reconnus, sans
douter, l'arrière mais renaissante flamme, où se
sacrifièrent les bosquets et les cieux ; là, en
public, éventée par le manque du] rêve qu'elle
consume, pour en épandre les ténèbres comme
plafond de temple.

Esthétiquement la succession de deux états
sacrés, ainsi m'invitèrent-ils — primitif, l'un ou
foncier, dense des matériaux encore (nul scandale
que l'industrie, l'en émonde ou le purifie) : l'autre,
ardent, volatil dépouillement en traits qui se
correspondent, maintenant proches la pensée, en
plus que l'abolition de texte, lui soustrayant
l'image. La merveille, selon une chronologie,
d'avoir étagé la concordance ; et que, si c'est
soi, un tel, poursuivi aux forêts, épars, jusqu'à
une source, un concert aussi d'instrument
n'exclue la notion : ce fantôme, tout de suite,
avec répercussion de clartés, le même, au cours
de la transformation naturelle en musicale iden-
tifié.

A quoi bon tarder aux palais — ce dont, aujour-
d'hui faute d'histoire, ils peuvent disposer est
un orchestre ; j'ai. pour mon usage individuel,
confronté à sa chimère le délice. Y penser ou
invinciblement chanter, au gré d'un bondisse-
ment allègre intérieur, quoique bas, en vers :
on constate que le commun des murs réverbère
l'écho par des inscriptions qui ne sont pas en
rapports, proclamant l'annonce d'ustensiles, de
vêtements, avec les prix.

L'endroit n'est conséquemment pas ici.

Paris avance dans l'été sa saison comme Londres parce que chaque accessoire, carrosserie ou
les toilettes, étincelle et écume luxueusement,
dehors ; une poussière dissipa tout aux plages.

La mer dont mieux vaudrait se taire que
l'inscrire dans une parenthèse si, avec, n'y entre
le firmament — de même se disjoint, proprement,
de la nature. Quelque drame d'exception, entre
eux, sévit qui a sa raison sans personne.

Mon théâtre, de plain-pied et le fouler, acteur

même : pourquoi pas, sous l'inspiration du décor,
me représenter par fragments, à titre d'expérience, hors la vue et dans un congé de tous.

Une sécurité nommée la paix des champs, à
l'encontre des dissipations ou verbiages, amasse,
de silence, assez pour faire transparaître en ce
qu'il s'agit de ne pas dire, la grandeur.

Perdre du temps, conseille quelque voix —
pas de remords ou, pire, le dégoût sitôt que face
à face avec du loisir, comme dans l'appartement :
ici intervient l'illusion spacieuse. Les regards
se satisfont à mi-hauteur de futaies et, mainte
journée enfonce à l'étang, légendaire de trésor.

Comme il suffit de s'en aller, à une heure et
demie, seulement que l'obsession qui continue,
par le vacarme du train, finisse, près : et accourt,
avec une épaisseur, ou la parité de végétations
ultérieures, tel bois. Aspect, volontiers, d'envi-
rons, les blés, sur une grande étendue, célèbrent
par leur assurance lumineuse le centre de popula-
tion, en qui veille la cité. Toute fuite plus avant,
revient en tant que fleuve.

Telle page rurale, accompagnement à l'autre,

oiseux, jamais disparate — ce site, habituel, sous
un reflet de nuage classique et lieu commun :
arrivât-elle, l'écriture, raréfiée naguères par la
symphonie, à se limiter dans plusieurs signes
d'abréviation mentale, d'autant eux monteront
vers l'irréductibilité ou impossibilité au delà —
sur le sol où je mets le pied, plus évidemment
leur mirage, ordinaire, demeure. Rien ne transgresse les figures du val, du pré, de l'arbre.

A demander, jamais, reviendra-t-on sur les pas,
cette saison pleine encore ; mais quand doit l'Automne arborer de la gloire, s'il ne faut lui rester,
la bonne fois, décidément plutôt que quérir de
semblables, incompétents, une prérogative solitaire.

L'expérience conclut tôt à cette stupeur —

Combien, véritablement, une capitale, où
s'exaspère le présent, restreint, dehors, la
portée de ce miasme.. il ne traverse pas l'atmosphère de quinze lieues, au-dessus d'herbes et
et de feuilles.. nul intérêt ne rappellerait sur le
coup — combien de la forteresse construite, par

les gens, exprès, contre leur magnificence comme la répand la nature, sauf un recours à la musique dont le haut fourneau transmutatoire chôme, ces mois — je dis combien, sur les remparts, tonne, peu loin, le canon de l'actualité : que le bruit puisse cesser à une si faible distance pour qui coupe, en imagination, une flûte où nouer sa joie selon divers motifs celui, surtout, de se percevoir, simple, infiniment sur la terre.

SOLITUDE

L'existence littéraire, hors une, vraie, qui se passe à réveiller la présence, au dedans, des accords et significations, a-t-elle lieu, avec le monde ; que comme inconvénient —

Certainement je vise le Poëte ne possédant pas d'intérêts quelque part, gratuité du produit ou dédain commercial ; les deux, par un nœud simple. Le miracle assuré de ses jours ou un compromis selon de l'amertume, puisque tout devrait jaillir de l'assentiment et certifier, en durant, le luxe d'esprit contemporain, cela n'éclate que du manquement à la destinée, au moins, social ; tiràt-on, enfin, des subsides d'un hasard de fortune.

Ni le personnage n'éprouve grand goût pour

les honneurs institués et spéciaux aux lettres.

La familiarité de confrères, mène à constater qu'il en est — personne, dans une situation qui relève du génie, plus que partout et à meilleur droit, ne néglige de se croire l'exemplaire. Ridicule fondamental; aussi, latente évidence. Même entendre autrui, les devants pris, sommairement réduire l'art à sa conformation et à des dons, où exulte toute dissertation, entre plusieurs, technique, vaut-il de fréquenter, sinon par envie subite d'insinuer qu'il n'y a que soi et jouir du retrait poli de dénégations voilant leur stupide désespoir. Ce soin, alterné, reste le prétexte à société et échanges d'opinion : car je n'augure pas, non plus, qu'on se plaise inconsidérément et pour le bavardage, à livrer l'acquis particulier de combien d'échecs contre une réussite, elle suffit, c'est vrai, à l'armure debout de notre énigme : ni expliquer ou répandre des moyens, en vue d'une gloire moindre jamais que le mystère.

Si bizarre initiative ne visite l'écrivain, qu'en un cas — où, par sa distraction poussée loin, écartez le jeu qu'il la compose, l'imprévoyant se soit laissé péremptoirement reconnaître de l'appellation de Maître puis sortirait de rêves, en l'estimant murmurée avec sérieux devant lui

29

et, élargissez le rire à crever cette farce, peut-
être, une fois, ici — que ce touche un homme
ponctuel et scrupuleux, obligé par convenances
intérieures, plutôt que s'en dédire, de répondre
avec l'énonciation, en effet, des quelques aperçus
généraux, propres à des disciples. Comme si
quiconque jeune, vis-à-vis d'un prédécesseur
encore, ne gardait la fleur d'indépendance : une
approche contient l'hommage ; et la sécurité de
hanter même région naît de mots évasifs dans
une promenade à pas égal que persiste, entre
ans différents, l'abord. Vieillard presque ou adolescent, on gagne, en réserve, ou respecte la saute
inverse d'une époque à la suivante, comme
marche le temps. L'enseignement contraint qui
le donne, qui l'accepte, sauf une œuvre; acte
toujours intime. Ah! la fête par exemple, rien
ne la célèbre, en dehors et cette ivresse, la
fusion de récents avec la lumière aînée — pas de
devoir que produire un livre favorable à ces noces
d'esprit, ou camarade acquiescement de poignées
de main pensantes. Si l'immortalité présente la
survie mais dans mille, le Poëte, avec un délice
de chanter, précisément ou d'élever la voix, en
pureté, par-dessus les conversations directes
applicables à un sujet : écoute-t-il de lui quelque
écho, ne l'anticipe autre part que dans la crise
subie, un laps, au commencement tout à fait de la
jeunesse, par chaque génération — quand l'enfant
près de finir jette un éblouissement et s'institue

la vierge de l'un ou l'autre sexe. Hors les collèges, les murs, les formulaires et tout ce qui
de parfait, officiellement servira : dans un cloître,
mental, aux arceaux d'âge en âge, qu'illumine
l'instant fugitif d'élus. Aujourd'hui avec ceux,
déjà, le futur, arguer d'expérience par éclats
doctoraux ; vanité ou si quelqu'un poussé à la
circonstance, il montre le mépris d'une règle,
souveraine — qu'on ne doit s'attarder même à
l'éternel plus que l'occasion d'y puiser ; mais, je
précise, atteindre tel style propre, autant qu'il
faut pour illustrer un des aspects et ce filon de
la langue : sitôt recommencer, autrement, en
écolier quand le risque gagnait d'un pédant —
ainsi déconcertant au haussement d'épaules la
génuflexion par certains essayée et se sauvegar-
dant multiple, impersonnel pourquoi pas anonyme, devant le geste de bras levés stupéfaits.

À moins, échappât-on à l'embûche d'école,
que ne reste, pour amplifier toute joie, la presse,
entre tel krach et des scandales d'ordre privé,
ivre de curiosité qui — elle ne saurait attendre
à demain — Quoi ? — Ce que vous pensez.. —
dépêche un messager tirer d'ici un oracle. —
Justement je ne pense rien, jamais et si j'y cède,

unis cette méditation à ma fumée au point de
les suivre, satisfait, diminuer ensemble avant
que m'asseoir à un poème, où cela reparaîtra,
peut-être, sous le voile — et tendant au visiteur
le cigare, exclusif, qui défraiera tous inter-
views. « .. Ce que vous pensez de la Ponctua-
tion. » — « Monsieur » avec gravité « aucun
sujet certainement n'est plus imposant. L'emploi
ou le rejet de signes convenus indique la prose
ou les vers, nommément tout notre art : ceux-ci
s'en passent par le privilège d'offrir, sans cet
artifice de typographie, le repos vocal qui mesure l'élan ; au contraire, chez celle-là, nécessité,
tant, que je préfère selon mon goût, sur page
blanche, un dessin espacé de virgules ou de
points et leurs combinaisons secondaires, imi-
tant, nue, la mélodie — au texte, suggéré avan-
tageusement si, même sublime, il n'était pas
ponctué. » Ou autre verbiage devenu tel, pour
peu qu'on l'expose, de persuasif, songeur et vrai
quand on se le confie bas. Très bien, ainsi, voilà
ce qu'il voulait savoir, le confrère emporte l'arrêt, sans permettre de l'avertir que, l'heure où
son journal voudra traiter la question extensive-
ment, je suis prêt à le faire en dix articles, au
prix de — comme je n'en ai, du reste, aucune
envie. Il a mis le pied dans l'antre, extrait la
dépouille subtile. « Une phrase » requérait son
irruption tout de suite, ainsi que la cueillant puis
la brandissant « qui résume le point de vue ».

Exempte, il sait ce qu'il fait, malin, de toute
fioriture ; coût et apprêt.. — « Serait-ce une
phrase? » ou « Attendez, par pudeur » il s'éloigne « que j'y ajoute, du moins, un peu d'obscurité. »

Intermède pour dériver la plaisanterie, très
loin, du sentiment qui porte le débutant à se ser-
rer contre ceux. férus de l'endoctriner. La rare
pratique marquant l'existence littéraire ou capable de la simuler. s'atteste, là, d'une réciprocité
funeste. Même stagnance apportée par l'un à
l'autre groupe ; que le départ en soit dans le
conseil ou l'admiration. Les gens d'idéal doivent
très peu, excepté aux primes années de surprise,
entre adeptes découvrant même rite, causer :
libres ensuite pour une volte.. sauf celle
d'usurper, parallèlement à maintes besognes ordinaires renoncées comme avisa la vocation et
en cette absence. plus tard, des charges, vagues,
sans rapport à un maintien secret. Neutre,
le nôtre, qui, l'oubli de débouchés, quels qu'ils
soient, frelatés et criards, se mène à l'ombre de
feuillages étendant une forêt, ou sur l'asphalte
indifférent pourvu qu'on porte la solitude.

Spécieusement alors, pourquoi, si ce n'est en
vue d'ouvrager, comme disait l'autre, tout à
l'heure intrus, qui m'en priait, quelque phrase,
par exception, venue heureusement, soit qu'en
dissertant de thèmes essentiels le rythme a
chance de contours et lignes purs — je disais :
pourquoi, quant à moi avec présomption, mes
amis, entonner ce qui ne rend de charme que tu
en accompagnement à de la distraction. La
menace de dissiper, en y touchant à même ou à
part, des vérités, qui le sont à l'état de gammes,
accords posés préludant au concert : tout silence,
mieux, envers un art lui-même de paroles — hors
les prestiges et l'inspiration. Quand un parleur
affirme, en un sens plutôt qu'à l'opposé, une
opinion esthétique, généralement outre l'éloquence, qui séduit, s'en défalque une sottise
parce que l'idée aux coups de croupe sinueux et
contradictoires ne se déplaît, du tout, à finir en
queue de poisson ; seulement refuse qu'on déroule
celle-ci et l'étale jusqu'au bout comme un phénomène public.

J'attribue à la conscience de ce cas, dans un
temps que deux hommes ne se sont, peut-être,
malgré la grimace à le faire, entretenus, plusieurs mots durant, du même objet exactement,
la restriction qui garde des interlocuteurs de
rien livrer à fond et de prêter souci ; mais les

persuade, par ruse mutuelle avec de la bravade.
reliquat des surannés combats d'esprit généreux
et baroques ou conformément au monde dont
les lettres sont le direct affinement — de soustraire autant que révéler sa pensée, le premier ;
le second, de saisir, obstinément, autre chose
— pour réserver leur intégrité, quand un besoin
cordial les leurre à se rencontrer.

CONFRONTATION

Le matin, las d'été, avant que tout éblouisse,
mène dans les prés y perdre l'insomnie. La journée, pour chacun, commença, vers ces meules,
le bois, un ruisseau; la promenade se barre
invariablement de travail et la sueur survit à
la rosée. Même œillade du même homme chétif
ou musculeux, cassé sur la besogne; question-
neuse *Toi que viens-tu faire ici?* Un mauvais vouloir et dédain, justes chez qui peine, envers une
oisive approche, je les invite à rétablir, sous le
ciel, l'équité — véridiquement embarrassé de
paraître sur une éminence, auprès du trou par
quelqu'un creusé depuis l'aube.

Vite opposer une formule, rien que de proche
et de bref, à cette interrogation visuelle comme
elle se fixe sur moi ou que le tâcheron ne puisse,

si nous débattions, nier. « Il extrait une brouet-
tée de terrain, pour la vider peu loin, il a produit
et refaire l'inverse implique besogne nouvelle,
payée. »

La terre, dans le pacte, a prévu que nulle force
fournie, même en acquiescement à un contre-
ordre, ne fût vaine.

Celui-là, où que s'ouvre sa fosse présente, en
renaît —

Béni par la sécurité de l'effort.

Un autre, que je veux incarner, serait, dont le
labeur ne vaut pas au détail parce que, peut-être,
acceptant l'hésitation. La page, écrite tantôt, va
s'évanouir, selon — n'envie pas, camarade —
qu'en moi un patron refuse l'ouvrage, quand
la clientèle n'y voit de tare.

Anéantir un jour de la vie ou mourir un peu,
le sachant, quels cris jetterais-tu : quoique une
divination pareille, au nom de quelque supériorité, t'interrompe, souvent, de la tâche, ivre-
mort.

Vestige de sacrifice, le risque suffit au désintéressement.

Péremptoire, certain et immédiat, cela —
éclairant aussi mon cas : les inspirés, nous cou-
rons trop à quelques dons, que le temps dure de
maîtriser, primitivement pour connaître le principe, social, d'une vocation. Tout à coup on surprend, remise à la maturité, cette compréhension
du monsieur qu'il faut indiquer par l'extérieur.

L'or frappe, maintenant, d'aplomb la race ; ou,
comme si son lever ancien avait refoulé le doute,
chez les hommes, d'un pouvoir impersonnel
suprême, plutôt leur aveugle moyenne, il décrit
sa trajectoire vers l'omnipotence — éclat,
l'unique, attardé pour un midi imperturbable.

Ajoutez — il paie comptant, loyalement, qui,
en raison de la brutale clarté vaincu aussitôt, se
déclare sujet.

Comme s'impose en vue d'un autre genre
d'honneur, dont la lumière jetée par le métal soit,
bien, l'effulgence — du moins, qu'un personnage, isolément, discute, demande les raisons ;
fuie, à la limite de portée, pour savoir si le rayon
l'accompagne. L'expérimentateur à son péril,
alors, installe l'authenticité : que faire, en l'occasion ou supprimant une foule intermédiaire,

directement de soi au dieu, que le forcer de reconnaître la pensée, essence, par le résidu, monnaie
— tous, ensuite, agiront, sans honte, sous la loi
visée d'un paraphe privé.

Cette fonction —

A qui —

Sauf que la découvre, la fonde et l'usurpe un
citoyen, reculant l'épreuve jusqu'à sa faim éventuelle.

Le Poëte, ou littérateur pur, talent à part, tient
l'emploi.

Matinée favorable — malgré la nuit sans disparition ni un raccord au latent compagnon qui, en
moi, accomplit d'exister, ici le manœuvre mi-
enfoui le montre : l'abandonnerai-je à la saluta-
tion machinale infligée par l'élan et le heurt de
l'outil, incessamment, vers la Somme dont brille
l'horizon? Mon regard sur le sien limpidement
appuyé, confirme, pour l'humble croyant en cette
richesse, une déférence, oh! qu'un serrement de
main s'y devine muet — puisque le meilleur qui
se passe entre deux gens, toujours, leur échappe,
en tant qu'interlocuteurs.

L'expression, probablement, concerne la littérature —

Pourquoi ne la rédiger, au retour, cursive preuve ultérieurement qu'un jour de grand soleil, peut-être, j'ai perçu, dans la différence qui le sépare du travailleur, l'attitude, exceptionnelle, commise au lettré.

Une élégance, la dernière, elle se renforce de la seule bravoure encore, ou devant le numéraire, persiste, ainsi que la fleur d'à-présent humaine : qui porte quelques privilèges, anonymement, de royauté.

Ne pas se récrier, témoignant le contraire.

Si votre méprise se bornait à convertir en procédés journaliers un artifice qui, tiré de la parole, enfin, la peut reléguer au courant; voilà, apparemment, la presse, intéressante —

Tandis que je soupire, pas davantage, exhalant comme dans une cure, au loin, de silence, ma stupeur que l'usage ramène à un niveau d'affaire, sûre, la situation préparée, expressément, pour tout jouer. Singularité, quoi, se tromper là, justement, où — intuition moindre, certes, que le déploiement du faste d'esprit, préservait de le faire. Une carrière ne se propose aux lettres, mais on use du mot à la façon de lyriques célé-

brant le parcours de l'astre jusqu'à sa hauteur
accoutumée — que, tout à l'heure, il va toucher
— ascension pas avancement. Ce métier manque,
pour des motifs, dont un, la rareté du génie à
travers l'existence et, par suite, telle obligation au
remplissage y suppléant, comme tire à la ligne un
feuilleton. Qui songe a les mains simples et le
compromis acceptable partout, ici capter l'éloge,
précieux inopinément — en termes nets se faire
faire de la réclame ou qu'on brigue un insigne,
contre quoi est joli de se défendre, sollicitant
sa décoration, ces riens, même imposer à son
industrie un rendement surfait, pour un héros
qu'il faut être et quand le cas comporte du défi,
prennent un aspect, tout de suite, inconsistant et
faux. Surtout qu'on se voua originellement à un
miracle préludant avec l'inspiration, achevé par
la formation, alentour, d'une élite —

Nulle vente ni qu'homme trafique, avec l'âme
ou, sinon, il ne comprend pas.

La poignée indispensable du métal commun
lui sert, professionnellement, avant qu'il ne pense
d'en vivre, à accomplir son tour, jongleur sacré,
ou éprouver l'intelligence de l'or.

Aucun sens, conséquemment, de tricher et
introduire le coup de pouce qui, plutôt, reste la
caresse statuaire créatrice à l'idée.

LA COUR

Quel nom, d'arrière-exploits mémorable, vaudra le paraphe, entre des appels de splendeur, que signe avec son motif ondoyant telle grande symphonie de concerts —

Une noblesse, désormais, se passera du nom.

Concurremment ainsi à l'éclat dégagé par le rêve, impersonnel sentiment de gloire; et, pour un parrainage contemporain, où le prendre qu'au creux de l'urne électorale pas sonore —

Rien de la fortune.

Une seigneurie que dise la richesse, même répondant, chez quelqu'un, à cette infatuation d'en régenter la fête et de la distribuer, aux autres de qui on a la part, d'après soi-même, parce qu'ils ignoreraient.. Se démunir, par contre, du moyen général et le mettre en doute, annonce, dans la pauvreté un goût solitaire et de race. Toute sélection, en haut, soit : elle peut se réfléchir, inverse, au bas; et le fondement moderne consiste en cette équivalence pour peu qu'indicatrice encore où est le haut, le bas, parcimonie, opulence, tout ambigu.

Le talon pécuniaire est omis, péremptoirement : la tentative d'une supériorité s'inaugure par étendre, sur des distinctions vulgaires, en les effaçant, aile égale. —

Quant à quoi —

Essentiellement l'œuvre d'art; ce suffit, à l'opposé des ambitions et d'intérêts.

Tel que se tourne aux faits le souci proposé par un essai, ici, de reportage spacieux, aérant, de laps, l'actualité, je ne traiterais un retour de la noblesse, pour continuer avec le mot—Ah! vraiment — On dirait qu'il en faut une — Paraît-il — Certains s'y mettent — Le besoin se fait sentir — indomptablement sans la croire, à un degré subtil, profond, elle, nécessaire. Quand aussi ce serait pour balayer, avec une indication, l'ignominieuse

errreur qui obstrue, en dégel, la voirie du
siècle —

Issue, j'atteste, du goût erroné le plus pur
ou d'équité —

Si pareille méprise pouvait tout de bon se produire! ou que l'exagération du principe ne fût
flagrante afin de le fausser, avec ruse.

Aidons l'hydre à vider son brouillard —

On a dit, par vocifération et le silence, à des
masses « Tout appartient — en le domaine — se
doit à votre admiration » et, faute de quelque
chose à désigner, on les lâcha sur l'art. Non, qui
trafique, non, qui pioche, combien cette journée
fut lourde à la gent, elle dormira ouïe au sac où
le métal, intérieurement, sert de rêve : sans, au
reste, s'inscrire à l'immortalité de chaque jour
qu'éclaire la soirée.. Ou, du moins, repose, toi,
dans ta simplité bénie de tâche assurant ce qui
est aussi, le pain, dont toute trompette de clartés
répercute, avec magnificence, la gerbe juste initiale.

Oh, qui leurra vers ici une émeute affamée?

Avec des proportions de multitude, surgisse le

simulacre en torchis et dorure, fallacieux, pour
arrêter l'irruption nouvelle, devant le voile de
mensonge : tous n'y ressentiraient qu'ennui ; car
au fond de chacun s'éteint un lampion que si
c'était cela, la merveille — plutôt pas.. Le pis —
on leur jura, mais on ne les trompa tout à fait —
que notoirement se réclame de l'unique jeu qui n'y
prête en tant que restreint par nature et strict,
une satisfaction foraine, certes, à chercher, dans
la parade publique manquant peu à la badauderie. Jaunes effondrements de banques aux
squames de pus et le candide camelot apportant
à la rue une réforme qui lui éclate en la main, ce
répertoire — à défaut, le piétinement de Chambres
où le vent-coulis se distrait à des crises ministé-
rielles — compose, hors de leur drame propre à
quoi les humains sont aveugles, le spectacle quotidien.

Avec commodité, pour chacun, à sa portée selon
une envergure de journal éployé.

Autrement je soupçonne le mystérieux ordre
poussant la gratuite cohue aux faux-semblants,
de prétendre, par obstruction, empêcher, en cas
qu'il s'avance, l'Élu, quiconque veut. Toi ou moi
— le seul au nom de qui des changements
sociaux, la révolution, s'accomplirent pour que
surgi il se présentât, librement, sans encombre.

30.

vît et sût : témoignant du chef-d'œuvre, en raison d'une dignité, comme preuve. La constatation ne s'en déférerait à la foule. Il prévient, résume. Un temple même bâti par quartier en la ville, pour immense, ne contiendra la totalité populaire. A quelque loi importe qu'un, représentatif, puisse arriver le plus humble, invité, comme en pèlerinage, du fond d'un destin soucieux. Le dernier, moralement tous : ce point, assez — pour que la justice, se plaisant, exulte, avec lueur sur le bel objet visité qui y concorde. J'entends — d'où cette volonté ! — de ce qu'il faut que ce soit — pourquoi à lui mieux qu'à cet autre ! — lequel, en l'occurrence, serait lui. Tous les deux et beaucoup aussi, je réclame. L'élection, vous la prônez, le vote aux doigts, assimilée au travail de l'usine ; attendu que vous craignez particulièrement, je le sais, une ingérence de mystère, ou le ciel, dans tel choix.

Aristocratie, pourquoi n'énoncer le terme — en face du tant vagi de démocratie : réciprocité d'états indispensable au conflit, national. par quoi quelque chose tient debout, ils se heurtent, se pénètrent, sans vertu si l'un fait défaut.

La pièce de monnaie, exhumée aux arènes, pré-

sente, face, une figure sereine et, pile, le chiffre
brutal universel.

Seules plusieurs conditions changeront — et un
vent, pour ne parler histoire, sacré culbute,
plaque, disperse ici ; là, suspend une poussière
précieuse. Ce caractère, nulle fixité, dans la com-
position d'une élite, officiellement et traditionnel-
lement ne marque personne. Millier le même ou
à peu près, en auditoires, mobile à l'annonce,
quelque part, de beau : le chef-d'œuvre convoque.
Loin de prétendre, dans l'assemblée, à une place,
comme de fondation ou corporative, pour le pro-
ducteur : il paraîtra, se montrant en l'anonymat
et le dos convenables, je compare, à un chef
d'orchestre — sans interception, devant le jaillissement de génie possible — ou, il rentre,
selon son gré, à l'hémicycle assister, dans les
rangs.

La Cour, je dirais — mais qui ne voltige, maintenant, autour de l'individu royal le fût-il, authentiquement, par dons spirituels.

Un sot parle de *snobs*, détournant l'argot étranger ; qualificatif vain, préférable à son foncier
état de blague. L'avis, qui est le mien, avec
de l'arbitraire, borne, au livre, l'action, pour un
temps disponible ; mais je n'accueille pas moins,
de spontanéité et grâce, prêt, auparavant, un éveil

à ce qui aimera se hâter d'immédiat. Quelque fidélité suppléant ce qu'on appela, ordinairement, le public.

L'initiative me semble au devant de la religion neuve, qui la groupa, sans doute, à cause de son occultisme facile aux extases inscrutables, la Musique : ainsi, ai-je, au cours de cette note, ordonné comme image ou accompagnement évo catoires, le hantant fonds humain sis aux gra dins.

Bravoure et tant de qualités en le plaisir précurseur frémi par une présence, tension de cols — quoique souvent repliée et déçue : car le chef-d'œuvre est funeste, il joue, après invita-tions, sombrement à s'esclaffer pour que du ridi-cule fulmine au perlage des capotes chimériques en train d'assentiment.

Une ville commence le devoir, qui, avant le temple, même les lois, rudimentaire comme l'instant, trouve, en la curiosité quand il n'y aurait que cela ou attente de ses étages divers d'habitants, motif à rendez-vous fervent : sur-tout qu'impartiale elle doit, à la surprise d'art, rien de moins ni de plus, une figuration.

A tel égard et de ce côté, convient — avec

correction de soulever, par un salut — qu'il y ait à faire, légèrement, en faveur de quoi que ce soit — la si noire plate-forme égalitaire chue sur les calvities, qui y séjourne.

SAUVEGARDE

La plus haute institution puisque la royauté finie et les empires, grave, superbe, rituelle est, n'attendez la Chambre représentative, directe, du pays si une autre dure que tarder à nommer paraît irrespectueux, l'Académie.

Ce dithyrambe pourquoi, en coupole —

Fondée dans le sens français, son dessein, à la compagnie, la rend unique au monde : le lien des Lettres change en splendeur officielle l'effort divers. Comme civilisés quoi de mieux, le mémoire, de l'ingénieur, du financier, ou

du chimiste. du stratège, présenté par son
rouleau succinct presque l'inspiration d'avant,
selon la langue, à la Nation. Attitude celle d'un
bas-relief de noble époque quand offrir, plus haut
que soi, la primeur spirituelle, répond à quelque
honneur élégant. Culte, une loi — tout s'arrête
à l'écrit, y revient. Notre fondation, du vieux
sol, que les événements placèrent à la veille
d'un éclat décoratif du goût pratique et fier de la
race, eut conscience, on le dirait, jalousement :
s'isola. Même principale, la niveler aux classes
de l'Institut, montra une main politique et
sacrilège : le décret vaut inefficace soit que les
sections d'art, avec celles à y joindre d'industrie,
ne confondent l'exclusive en leur pluralité et
n'en dérivent le lustre. Allons droit à l'attentat
futur — Quand même, quelque jour inscrit au
programme des constitutions, l'Institut, complété,
moderne, avec toutes les activités, s'annoncerait
en tant que Sénat opposant, à la vocifération
par le suffrage immédiat, un principe majestueux
pris dans la sécurité perpétuelle d'illustrations :
quand même cela et avec tant de grandeur, je me
figure, occupant, comme un sanctuaire, le centre
du compréhensif hémicycle, où elle ne consent
à siéger qu'à l'occasion — durant que cette élite
fonctionne à des votes réguliers, l'Académie, qui
se retrancherait ou se garderait pour quelque
acte spécial, ou rare, on ne sait lequel. Adjointe
à l'ensemble des intelligences et chue en le réel,

encore ordonnerait-elle, envers les siens, par
l'étrangeté et leur recul, quelque religion.

Le Règne, absolu, en soi, l'Esprit — sa marque,
les livres, comme tableaux et statues honorent
la désuétude maintenant d'appartements royaux :
ainsi se comprendrait une bibliothèque, dans un
corps impénétrable de palais; à quoi tel écrit par-
ticiper, apothéose. Un texte, toute foule qu'il commande, indéniablement retient un petit nombre
d'amateurs, lisons haut, vulgarisons; mais, au
pis et durant des silences, étincellera, en la docte
sépulture, l'or des titres, confrontés à eux-mêmes,
pour lumière — entre ce résumé impersonnel de
gloire et la majorité le connaissant par ouï-dire,
une secrète, honorable communication se
rattache, qui suffit au bienfait. Personne n'en
ignore mais ne heurte à l'objection d'une porte
dressée comme la tombe. Mort, sois-le, moins à
la façon courante que par ta part de rêve, toutefois diffuse chez autrui; ou Volume, pour trôner
là.

Cette Salle, or elle existe, mentalement, en
la mémoire de tous comme une richesse dont on
se doute —

Essuyer la poussière, aux chefs-d'œuvre, sauf
en se les rappelant. reste fonction oiseuse. leur
vol idéalement lui-même la secoue : il exclut jusqu'au plumeau hiératique de l'ibis à côté de
crocodiles et d'ichneumons momifiés dans les
décors ordinaires de tomes et de parchemins.

Que feront ici des vivants : ils le sont peu.
selon la légende empreinte de rigueur, qui les
compare aux spectres ?

Un Salon, je sais, on émit une atténuation,
laquelle séduira : où. cérémonieusement. eux
causent. pour la beauté, hors le rire lancé par
une dame, de sujets dont l'écho ne se propage
pas. Cette rumeur, plutôt, qui en fait des élus
murés dans la survivance — comme rameau la
syntaxe nue d'une phrase, attentifs à la dalle
funèbre du dictionnaire, que jonchent les mots
épars : ou si, quant à leur métaphore, les inquiète
le trépas en double emploi et réel de l'un d'eux.
tout de suite ils gravissent un tréteau où le
successeur achève par des traits compris d'elle
seule l'ombre malséante et invite au carquois
vidé de quelque autre, pour paraître invulné-
rable. Le spectacle, à l'assistance, impose un
exploit mythique, peut-être du Phénix recouvré
de sa cendre tel que le peuvent jouer les humains.

Tout le mal se réduisant, dans ce quiproquo :
on les veut immortels, en place que ce soit les
ouvrages.

Y parer ne m'échoit et pourquoi je divague ou
de quoi, je le demande.. Sans résultat, une fois,
je rôdai par ici, déjà ; quand, pour essayer l'indifférence à un projet certain, j'apportai, avec
le « Fonds Littéraire », un trésor légué par les
classiques à leur postérité, lui si pur que les membres de ce bureau en étaient dispensateurs et dépositaires. La hantise émane d'eux à qui ne manque,
écolier, de les voir, selon l'éternité, abstraits,
généraux, vagues, hors une familiarité — con-
tent de prononcer moi-même mon éloge que j'aie,
à leur imitation, amplifié quelques périodes jusqu'à une longueur de plis convenable, soigné la
réticence et choyé le mystère : d'instinct, comme
on trouverait ces jeux.

Une circonstance peut, concernant le groupe
de dignitaires, se produire, qui en rehausse le
privilège —

                                    ·

La Société, terme le plus creux, héritage des
philosophes, a ceci, du moins, de propice et

d'aisé que rien n'existant, à peu près, dans les faits, pareil à l'injonction qu'éveille son concept auguste, en discourir égale ne traiter aucun sujet ou se taire par délassement. Quelque chose, manquant, affronte la violence des contradictions et, dans aucun sens, on ne risque de donner trop à fond, sur une entité. Néant ou éclat dans le vide, avec peur chez la masse accourue au faux abri, tout agencement vulgaire usurpant cette invocation profitable. Les cartonnages intellectuels devraient culminer comme notoirement tels, ouverts à la gratitude aussi à la huée de quiconque se démenant, pour ou contre, c'est tout un, revêt la portée d'un acteur de théâtre lui-même vain — très bien s'il scande du pied ses tirades le temps que ne les obstrue la poudre du plancher : ainsi se dénonce l'artifice.

Voilà, mis au point : encore faut-il accord d'experts —

Imaginez un gouvernement mal instruit se confondant avec l'allégorie, d'où il vient ; et que, concurremment, un Livre parût, relatif à la Société, épouvantable et délicieux, hors les sentences rendues par « ceci est beau — cela est mauvais », quelconque, inhumain, étranger, dont l'extase ou la colère que les choses simplement

soient ce qu'elles sont, avec tant de stridence
absolue montât : qu'on faillirait, souvent, prendre ire et joie l'une pour l'autre et les deux,
incontestablement, pour de l'ironie. L'auteur est
saisi, non. MM., je parle aux Académiciens. pas
même son œuvre ; il a, de près, rejoint celle-ci.
quand ce serait pour en exiger, avec l'assentiment de la seule juridiction de lui connue par
état et par vocation, le pain probe qui ratifie,
oh! ne vous récriez, ni palmes ni prix. Loyal,
il se présente — point au tribunal courant, nulle
tête à choir effectivement. plutôt défendre
une pensée, aussi la comparution, devant ses
pairs. Tout récusé sauf vous. Il attend le jugement que. pour ma part, j'aimerais à voir
libellé —

A savoir que le rapport social et sa mesure
momentanée qu'on la serre ou l'allonge, en vue de
gouverner, étant une fiction. laquelle relève des
belles lettres — à cause de leur principe mystérieux ou poétique — le devoir de maintenir le
livre s'impose dans l'intégrité.

J'ajoute. en votre nom : pourvu que le livre
soit dans les règles. fidèle à ses arts complexes
et nombreux. certes. ô vous tirés de l'occupation. soudain au joar. d'étiqueter l'apologue et
la périphrase ou de fourbir jusqu'à une transparence l'allusion — loisir. ni stagnant ni futile,

puisque comparant des modèles, ainsi entretenus,
à qui les emploie avec intuition, sans savoir,
éperdument, tous, entre les inconsciences du
génie, vous décidez si le justiciable fit bien : ce
qui est mon avis, d'avance, à la condition que la
brochure existe.

Gratuité la supposition de pages telles au
dehors — pardon, pour le Poëte dont, sur un
point, j'assumai l'intrusion, aussi bien que le
sacre véhément des juges n'a pas été sans leur
causer une gêne — lui eut l'égard de vous
évoquer au lieu, inviolable, le premier en le
développement souverain des forces de la patrie
comme devant une haute trahison ou un coup
d'état, ici, spirituels : mais, sa foi échange, contre
le salut, une prérogative, affirme cette authenticité, au cas de l'écrit menacé et somme la Suprématie littéraire d'ériger en tant qu'aile, avec
quarante courages groupés en un héros, votre
hérissement d'épées frêles.

TABLE

AVEC

BIBLIOGRAPHIE

BIBLIOGRAPHIE

Plusieurs études en ce volume premier de *DIVAGATIONS*, ont été, avec quelque intention préalable chez l'auteur, distraites de leur publication ayant cours, accrues d'autres ou rejointoyées et refondues, traitement qui déconcerte, à l'occasion, un Lecteur familier ; lequel, s'il s'en trouve, a droit aux informations ci-après — différemment oiseuses — en vue d'assurer ses souvenirs.

Une ingratitude, à ne rappeler, avant tout, au sujet de ces POÈMES ET ANECDOTES, les traductions, absolues, qu'en donnèrent, principalement en anglais, MM. George Moore, Stuart Merrill et Richard Hovey — je crus, possédant la langue un peu, me relire ; — en Italien, M. Pica, proche de chacun ici ; plusieurs, achevées également, dont je rends grâce à mes confrères de tous pays. Originellement, ces petits écrits célèbrent, aux recueils amis, des livraisons d'ouverture — de la *Revue des Lettres et des Arts* et la *République des Lettres* à la *Vogue* en passant par maints : excepté la DÉCLARATION FORAINE et le NÉNUPHAR BLANC parus dans un journal mondain *L'Art et la Mode*, la GLOIRE, au cours d'une biographie de l'auteur par

Verlaine, et l'Ecclésiastique. Conflit, fut parmi les *Variations sur un Sujet* que, de temps à autre, donne la *Revue Blanche*. Le tout, moins ce dernier morceau, se groupa d'abord, 1889, avec RICHARD WAGNER, RÊVERIE D'UN POÈTE FRANÇAIS et une partie de CRAYONNÉ AU THÉÂTRE, pour former le volume *PAGES*.

AUTREFOIS EN MARGE., plutôt sur le papier de garde D'UN BAUDELAIRE : inédit — et même inutile sinon qu'il accompagna, en le vieil *Artiste*, un paragraphe sauvé par l'Étude à la mémoire de THÉODORE DE BANVILLE. Le paysage emblématique ou quelque chose, aux temps, d'assez neuf, fait remonter loin un souhait, poursuivi depuis, alors entrevu, de transposition mentale.

MORCEAU POUR RÉSUMER VATHEK : extrait de la notice sur Beckford précédant la réimpression française du conte fameux.

VILLIERS DE L'ISLE-ADAM est pris à une Conférence, même oraison funèbre, lue, à Bruxelles, peu de mois après le décès du grand homme ; occupe avec authenticité le seuil d'un ensemble QUELQUES MÉDAILLONS ET PORTRAITS EN PIED : dont mainte ressemblance, votive.

Impossible que n'y trouvent place des mots brefs et, je le regrette, les seuls par moi dits concernant VERLAINE — sur la tombe ; ils comportent, peut-être, une ampleur de vérité suffisant à présenter, sous un aspect, cette chère figure, écarté le crêpe momentané.

ARTHUR RIMBAUD se trouve, en français, au *Chap Book*, un *periodic*, exquis et hardi, de Chicago — 1896.

BECKFORD : de la *Préface à Vathek*, imprimée conjointement à l'ouvrage et isolément.

TENNYSON VU D'ICI, THÉODORE DE BANVILLE, en français, dans l'inimitable *National Observer* que porta si haut la direction du superbe poëte Henley, parurent après la mort de l'un, à l'inauguration au Luxembourg d'un monument à l'autre.

EDGAR POE, WHISTLER, EDOUARD MANET en vue de la publication, *Portraits du Prochain Siècle*.

BERTHE MORISOT servit de préface au Catalogue publié pour l'Exposition de l'Œuvre de ce maître — un des enchantements de l'an qui finit

RICHARD WAGNER, RÊVERIE D'UN POËTE FRANÇAIS : appartint à la *Revue Wagnérienne*.

CRAYONNÉ AU THÉÂTRE — La consultation ci-jointe (*Revue Blanche*, récemment) ne s'intercalerait, au cours de l'étude relative à HAMLET, sans la déformer : elle la complète, en marge. « Un impresario, dans une province mêlée à mon adolescence, épigraphiait HAMLET, qu'il représenta, du soustitre *ou le* DISTRAIT : cet homme d'un goût français joliment, entendait, je suppose, préparer, par là, le public à la singularité qu'Hamlet, unique, compte; et de l'approcher, chacun s'efface, succombe, disparaît. La pièce, un point culminant du théâtre, est, dans l'œuvre de Shakespeare, transitoire entre la vieille action multiple et le Monologue ou drame avec Soi, futur. Le héros, — tous comparses: il se promène, pas plus, lisant au livre de lui-même, haut et vivant Signe; nie du regard les autres. Il ne se contentera pas d'exprimer la solitude, parmi les gens, de qui pense: il tue indifféremment ou, du moins, on meurt. La noire présence du douteur cause ce poison, que tous les personnages trépassent : sans même que lui prenne toujours la peine de les percer, dans la tapisserie. Alors placé, certes, comme contraste à l'hésitant, Fortinbras, en tant qu'un général; mais sans plus de valeur et si la mort, fiole, étang de nénuphars et fleuret, déchaîne son apparat varié, où porte la sobre livrée ici quelqu'un d'exceptionnel, cela importe, comme finale et dernier mot, quand se reprend le spectateur, que cette somptueuse et stagnante exagération de meurtre, dont l'idée reste la leçon, autour de Qui se fait seul — pour ainsi dire s'écoule vulgairement par un passage d'armée vidant la scène avec ce moyen de destruction actif, à la portée de tous et ordinaire, parmi le tambour et les trompettes. »

Tous les morceaux suivants, à l'exception en CRAYONNÉ AU THÉATRE, de LES FONDS DANS LE BALLET retrouvable en la *Revue Franco-Américaine*, première livraison éditée par le prince André Poniatowski et du paragraphe « Le seul, il le fallait » inédit, puis de PLANCHES ET FEUILLETS au *National Observer*, exposent, selon la teneur à peu de chose près, une campagne dramatique que je fis en la *Revue Indépendante.*. et inoubliable, dans des conditions assez particulières — je n'allais que rarement au théâtre : d'où peut-être la chimérique exactitude de tels aperçus, et quand j'y indiquais quelque éloignement pour les feuilletons ou comptes rendus après ceux, professionnels et merveilleux, d'un Gautier, de Janin, de Saint-Victor, d'un Banville, non, du tout, je ne songeais pas, sérieusement, que le genre, honoré par ces grands lettrés, ressusciterait aujourd'hui et prodiguerait un éclat qui s'apparente au leur à tous, net, suprême, imposant, avec CATULLE MENDÈS capable de se produire quotidiennement magnifique envers des occasions moyennes : j'essaie, devant de tels rideaux de raison, de prestige, de loyauté et de charme sur cela, qui continue, pour moi, un manque d'intérêt ou l'usage actuel du théâtre, avec furie et magie drapés, de ne percevoir pas le vide contemporain derrière.

CRISE DE VERS, Étude au *National Observer*, reprenant quelques passages de *Variations* omises ; le fragment « Un désir indéniable à mon temps » s'isola dans *PAGES*

QUANT AU LIVRE, une *Variation*, l'Action Restreinte : un envoi au *National Observer* et le fragment conservé d'une des *Variations*.

Une *Variation*, le Livre Instrument spirituel.

La fin du volume LE MYSTÈRE DANS LES LETTRES, OFFICES avec Catholicisme, une *Variation* — moins De Même (audition des Chanteurs de Saint-Gervais) au *National Observer* et, dans une suite de GRANDS FAITS DIVERS, l'Or, Plaisir Sacré insérés en des journaux, Magie au *National Observer*, puis le début d'une page de voyage en frontispice à la Conférence la *Musique et les Lettres* (page 379 « le prosateur » est feu l'illustre Walter Pater) et Accusation, hors-d'œuvre de cette Conférence — comprend, à peu près, les *Variations sur un Sujet* qu'accueille, avec audace, malgré le désarroi, premier, causé par la disposition typographique, l'amicale, à tous prête *Revue Blanche*. Raison des intervalles, ou blancs — que le long article ordinaire de revue, ou remplissage, indique, forcément, à l'œil qui les prélève par endroits, cependant, quelques écailles d'intérêt pourquoi ne pas le restreindre à ces fragments obligatoires où miroita le sujet, puis simplement remplacer, par l'ingénuité du papier, les transitions, quelconques? Une publication, vive, au sommaire marquant le milieu, exact, entre des articles écourtés de journal et la masse oisive où flotte maint périodique, commande la façon. Les cassures du texte, on se tranquillisera, observent de concorder, avec sens et n'inscrivent d'espace nu que jusqu'à leurs points d'illumination : une forme, peut-être, en sort, actuelle, permettant, à ce qui fut longtemps le poëme en prose et notre recherche, d'aboutir, en tant, si l'on joint mieux les mots, que poëme critique. Mobiliser, autour d'une idée, les lueurs diverses de l'esprit, à distance voulue, par phrases : ou comme, vraiment, ces moules de la syntaxe même élargie, un ... peut ... que phrase, à se détacher en paragraphe gagne d'isoler un type rare avec plus de liberté qu'en le charroi par un courant de volubilité. Mille exigences, très singulières, apparaissent à l'usage, dans ce traitement de l'écrit, que je perçois peu à peu : sans doute y a-t-il moyen, là, pour un poète qui par habitude ne pratique pas le vers libre, de montrer, en l'aspect de morceaux compréhensifs et brefs, par la suite, avec expérience, tels rythmes immédiats de pensée ordonnant une prosodie.

Valvins — Novembre 1896.

TABLE

QUELQUES MÉDAILLONS ET PORTRAITS EN PIED

RICHARD WAGNER. RÊVERIE D'UN POÈTE FRAN-

CRAYONNÉ AU THÉATRE

CRISE DE VERS

QUANT AU LIVRE

LE MYSTÈRE DANS LES LETTRES

OFFICES

GRANDS FAITS DIVERS

ERRATUM

Page	Ligne	Au lieu de	Lire
35	4	paraissait	paressait.
43	27	se plût	se plut.
134	22	jugement	jugement.
129	16	Quant	Quand.
155	8	où	on.
222 et 246	1 15	point	poind.
248	28	reprender	reprendre
352	10	simplité	simp'icité

Lightning Source UK Ltd.
Milton Keynes UK
UKHW020640020621
384788UK00006B/1381